# 国家基本职业培训包（指南包 课程包）

# 网约配送员

人力资源社会保障部职业能力建设司编制

中国劳动社会保障出版社

图书在版编目(CIP)数据

网约配送员 / 人力资源社会保障部职业能力建设司编制. -- 北京：中国劳动社会保障出版社，2022

国家基本职业培训包：指南包　课程包

ISBN 978-7-5167-3900-6

Ⅰ.①网… Ⅱ.①人… Ⅲ.①物资配送 – 职业培训 – 教材 Ⅳ.①F252.14

中国版本图书馆 CIP 数据核字（2022）第 033482 号

中国劳动社会保障出版社出版发行

（北京市惠新东街 1 号　邮政编码：100029）

\*

三河市华骏印务包装有限公司印刷装订　　新华书店经销

880 毫米 ×1230 毫米　16 开本　7 印张　124 千字
2022 年 3 月第 1 版　　2022 年 3 月第 1 次印刷

定价：23.00 元

读者服务部电话：（010）64929211/84209101/64921644
营销中心电话：（010）64962347
出版社网址：http://www.class.com.cn

版权专有　　侵权必究

如有印装差错，请与本社联系调换：（010）81211666
我社将与版权执法机关配合，大力打击盗印、销售和使用盗版图书活动，敬请广大读者协助举报，经查实将给予举报者奖励。
举报电话：（010）64954652

# 编 制 说 明

为全面贯彻落实习近平总书记对技能人才工作的重要指示精神，进一步增强职业技能培训针对性和有效性，不断提高培训质量，培养壮大创新型、应用型、技能型人才队伍，按照《人力资源社会保障部办公厅关于推进职业培训包工作的通知》（人社厅发〔2016〕162号）的工作安排，我部持续组织开发培训需求量大的国家基本职业培训包，指导开发地方（行业）特色职业培训包，力争全面建立国家基本职业培训包制度，普遍应用职业培训包高质量开展各类职业培训。

职业培训包开发工作是新时期职业培训领域的一项重要基础性工作，旨在形成以综合职业能力培养为核心、以技能水平评价为导向，实现职业培训全过程管理的职业技能培训体系，这对于进一步提高培训质量，加强职业培训规范化、科学化管理，促进职业培训与就业需求的有效衔接，推行终身职业培训制度具有积极的作用。

国家基本职业培训包由指南包、课程包和资源包三个子包构成，是集培养目标、培训要求、培训内容、课程规范、考核大纲、教学资源等为一体的职业培训资源总和，是职业培训机构对劳动者开展政府补贴职业培训服务的工作规范和指南。

国家基本职业培训包遵循《职业培训包开发技术规程（试行）》的要求，依据国家职业技能标准和企业岗位技术规范，结合新经济、新产业、新职业发

## 编制说明

展编制，力求客观反映现阶段本职业（工种）的技术水平、对从业人员的要求和职业培训教学规律。

《国家基本职业培训包（指南包 课程包）——网约配送员》是在各有关专家的共同努力下完成的。参加编审的主要人员有：范巍、赵宁、孟续铎、荀彬、罗治兵、郑鸿鹏、黄莎、李岩、张岩峰、章若愚、张腾、杨英磊、赵强平、岳龙、赵媛媛、潘娜、王建辉。本培训教材在编制过程中得到了北京三快在线科技有限公司、中国人事科学研究院、北京睿易盈冲管理咨询有限公司、首都经济贸易大学等有关单位的大力支持，在此一并致谢。

**人力资源社会保障部职业能力建设司**

## 国家基本职业培训包编审委员会

主　任　刘　康

副主任　张　斌　王晓君　袁　芳　葛　玮

委　员　田　丰　项声闻　尚　涛　葛恒双
　　　　蔡　兵　赵　欢　吕红文

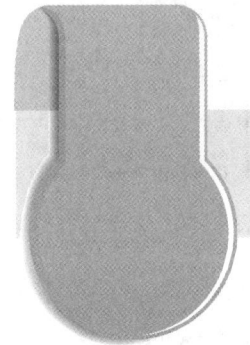

# 目 录

## 1 指 南 包

1.1 职业培训包使用指南 …… 002
    1.1.1 职业培训包结构与内容 …… 002
    1.1.2 培训课程体系介绍 …… 003
    1.1.3 培训课程选择指导 …… 010

1.2 职业指南 …… 010
    1.2.1 职业描述 …… 010
    1.2.2 职业培训对象 …… 011
    1.2.3 就业前景 …… 011

1.3 培训机构设置指南 …… 011
    1.3.1 师资配备要求 …… 011
    1.3.2 培训场所设备配置要求 …… 012
    1.3.3 教学资料配备要求 …… 012
    1.3.4 管理人员配备要求 …… 012
    1.3.5 管理制度要求 …… 012

## 2 课 程 包

2.1 培训要求 …… 014
    2.1.1 职业基本素质培训要求 …… 014
    2.1.2 五级/初级职业技能培训要求 …… 015

## 目录

  2.1.3 四级/中级职业技能培训要求 ································ 018
  2.1.4 三级/高级职业技能培训要求 ································ 021
  2.1.5 二级/技师职业技能培训要求 ································ 024
  2.1.6 一级/高级技师职业技能培训要求 ·························· 026

2.2 课程规范 ······························································ 027
  2.2.1 职业基本素质培训课程规范 ··································· 027
  2.2.2 五级/初级职业技能培训课程规范 ·························· 032
  2.2.3 四级/中级职业技能培训课程规范 ·························· 036
  2.2.4 三级/高级职业技能培训课程规范 ·························· 042
  2.2.5 二级/技师职业技能培训课程规范 ·························· 048
  2.2.6 一级/高级技师职业技能培训课程规范 ···················· 052
  2.2.7 培训建议中培训方法说明 ······································ 056

2.3 考核规范 ······························································ 057
  2.3.1 职业基本素质培训考核规范 ··································· 057
  2.3.2 五级/初级职业技能培训理论知识考核规范 ············· 058
  2.3.3 五级/初级职业技能培训操作技能考核规范 ············· 059
  2.3.4 四级/中级职业技能培训理论知识考核规范 ············· 060
  2.3.5 四级/中级职业技能培训操作技能考核规范 ············· 061
  2.3.6 三级/高级职业技能培训理论知识考核规范 ············· 062
  2.3.7 三级/高级职业技能培训操作技能考核规范 ············· 063
  2.3.8 二级/技师职业技能培训理论知识考核规范 ············· 064
  2.3.9 二级/技师职业技能培训操作技能考核规范 ············· 066
  2.3.10 一级/高级技师职业技能培训理论知识考核规范 ······ 066
  2.3.11 一级/高级技师职业技能培训操作技能考核规范 ······ 068

### 附录 培训要求与课程规范对照表

附录1 职业基本素质培训要求与课程规范对照表 ················ 070
附录2 五级/初级职业技能培训要求与课程规范对照表 ········ 074
附录3 四级/中级职业技能培训要求与课程规范对照表 ········ 080
附录4 三级/高级职业技能培训要求与课程规范对照表 ········ 086
附录5 二级/技师职业技能培训要求与课程规范对照表 ········ 093
附录6 一级/高级技师职业技能培训要求与课程规范对照表 ···· 098

# 1
# 指南包

## 1.1 职业培训包使用指南

### 1.1.1 职业培训包结构与内容

网约配送员职业培训包由指南包、课程包、资源包三个子包构成,结构如下图所示。

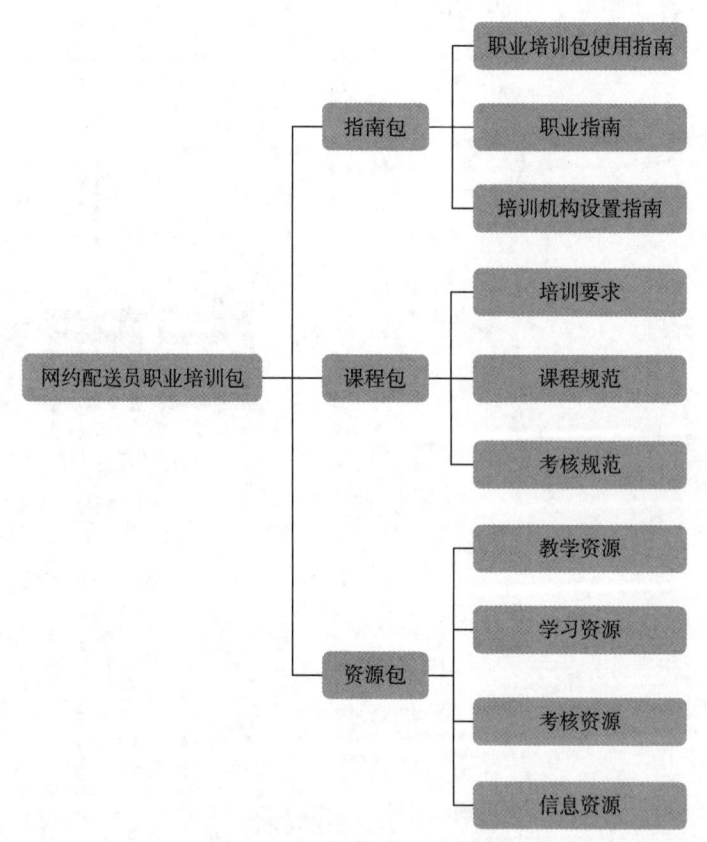

职业培训包结构图

指南包是指导培训机构、培训教师与学员开展职业培训的服务性内容总合,包括职业培训包使用指南、职业指南和培训机构设置指南。职业培训包使用指南是培训教师与学员了解职业培训包内容、选择培训课程、使用培训资源的说明性文本,职业指南是对职业信息的概述,培训机构设置指南是对培训机构开展职业培训提出的具体要求。

课程包是培训机构与教师实施职业培训、培训学员接受职业培训必须遵守的规范总合，包括培训要求、课程规范、考核规范。培训要求是参照国家职业技能标准、结合职业岗位工作实际需求制定的职业培训规范；课程规范是依据培训要求、结合职业培训教学规律，对课程设置、课堂学时、课程内容与培训方法等所做的统一规定；考核规范是针对课程规范中所规定的课程内容开发的，能够科学评价培训学员过程性学习效果与终结性培训成果的规则，是客观衡量培训学员职业基本素质与职业技能水平的标准，也是实施职业培训过程性与终结性考核的依据。

资源包是依据课程包要求，基于培训学员特征，遵循职业培训教学规律，应用先进职业培训课程理念，开发的多媒介、多形式的职业培训与考核资源总合，包括教学资源、学习资源、考核资源和信息资源。教学资源是为培训教师组织实施职业培训教学活动提供的相关资源，学习资源是为培训学员学习职业培训课程提供的相关资源，考核资源是为培训机构和教师实施职业培训考核提供的相关资源，信息资源是为培训教师和学员拓宽视野提供的体现科技进步、职业发展的相关动态资源。

### 1.1.2 培训课程体系介绍

网约配送员职业培训课程体系依据职业技能等级分为职业基本素质培训课程、五级/初级职业技能培训课程、四级/中级职业技能培训课程、三级/高级职业技能培训课程、二级/技师职业技能培训课程和一级/高级技师职业技能培训课程，每一类课程包含模块、课程和学习单元三个层级。网约配送员职业培训课程体系均源自本职业培训包课程包中的课程规范，以学习单元为基础，形成职业层次清晰、内容丰富的"培训课程超市"。

**网约配送员职业培训课程学时分配一览表**

| 职业技能等级 | 课堂学时 | | 其他学时 | 培训总学时 |
| --- | --- | --- | --- | --- |
| | 职业基本素质培训课程 | 职业技能培训课程 | | |
| 五级/初级 | 24 | 28 | 2 | 54 |
| 四级/中级 | 15 | 32 | 1 | 48 |
| 三级/高级 | 10 | 39 | 3 | 52 |
| 二级/技师 | 5 | 31 | 1 | 37 |
| 一级/高级技师 | 0 | 28 | 2 | 30 |

注：课堂学时是指培训机构开展的理论课程教学及实操课程教学的建议最低学时数，其中职业基本素质培训课程为理论知识培训课程，职业技能培训课程包含理论知识培训课程和操作技能培训课程。除课堂学时外，培训总学时还应包括岗位实习、现场观摩、自学自练等其他学时。

(1)职业基本素质培训课程

| 模块 | 课程 | 学习单元 | 课堂学时 |
|---|---|---|---|
| 1. 职业认知与职业道德 | 1-1 职业认知 | 职业认知 | 1 |
| | 1-2 职业道德基本知识 | 道德与职业道德 | 1 |
| | 1-3 职业守则 | 职业守则 | 1 |
| 2. 专业基础知识 | 2-1 网约配送服务知识 | (1) 礼仪规范 | 1 |
| | | (2) 语言规范 | 1 |
| | 2-2 安全和应急处理知识 | (1) 交通安全知识 | 1 |
| | | (2) 消防安全知识 | 1 |
| | | (3) 食品安全知识 | 1 |
| | | (4) 人身及财产安全知识 | 1 |
| | | (5) 应急处理知识 | 1 |
| | 2-3 网络配送信息知识 | (1) 配送信息获取 | 1 |
| | | (2) 配送信息使用 | 1 |
| | 2-4 网络设施设备知识 | (1) 设备、工具使用 | 1 |
| | | (2) 设备、工具保养 | 1 |
| | 2-5 基础道路交通知识 | 城市路网知识 | 1 |
| 3. 职业基础知识 | 3-1 职业性质 | (1) 性质与任务 | 1 |
| | | (2) 方式方法 | 1 |
| | | (3) 工作流程 | 1 |
| | 3-2 基本素质与行为规范 | (1) 基本素质 | 1 |
| | | (2) 行为规范 | 1 |
| | 3-3 权利与义务 | (1) 职业权利 | 1 |
| | | (2) 职业义务 | 1 |
| 4. 相关法律、法规知识 | 4-1 相关法律知识 | 相关法律知识 | 1 |
| | 4-2 相关法规知识 | 相关法规知识 | 1 |
| 课堂学时合计 | | | 24 |

注：本表所列为五级/初级职业基本素质培训课程，其他等级职业基本素质培训课程按"网约配送员职业培训课程学时分配一览表"中相应的课堂学时要求进行必要的调整。

(2) 五级/初级职业技能培训课程

| 模块 | 课程 | 学习单元 | 课堂学时 |
| --- | --- | --- | --- |
| 1. 订单接收与验视 | 1-1 接单前准备 | (1) 设备、工具准备 | 1 |
| | | (2) 环境准备 | 1 |
| | 1-2 订单接收 | 网络平台订单接收 | 1 |
| | 1-3 订单核对 | (1) 订单信息核对 | 1 |
| | | (2) 订单外包装检查 | 1 |
| | 1-4 接单后处理 | (1) 补录信息 | 1 |
| | | (2) 协调开具收据、发票 | 1 |
| | | (3) 预付款结算及货币真伪的辨别 | 1 |
| | | (4) 接单后确认 | 1 |
| 2. 订单配送 | 2-1 配送前准备 | (1) 客户联系的方法与规则 | 1 |
| | | (2) 地址及物品核对 | 1 |
| | | (3) 物品分类 | 1 |
| | | (4) 配送顺序编排 | 1 |
| | 2-2 配送服务 | 配送服务基本流程 | 1 |
| | 2-3 配送后处理 | (1) 配送确认 | 1 |
| | | (2) 配送超时 | 1 |
| 3. 安全与质量管理 | 3-1 公共安全防护 | 公共安全防护 | 1 |
| | 3-2 管理安全防护 | (1) 交通事故处理 | 1 |
| | | (2) 保险事件报案处理 | 1 |
| 4. 异常管理 | 4-1 客诉处理 | (1) 投诉、索赔信息记录 | 1 |
| | | (2) 投诉、索赔信息移交 | 1 |
| | 4-2 异常订单处理 | (1) 识别异常订单 | 1 |
| | | (2) 异常订单上报 | 1 |
| | 4-3 应急处理 | (1) 紧急情况判断 | 1 |
| | | (2) 紧急情况上报 | 1 |
| 5. 客户服务与开发 | 5-1 客户服务 | 线上客户服务 | 1 |
| | 5-2 客户维护 | (1) 满足客户基本配送需求 | 1 |
| | | (2) 服务反馈 | 1 |
| 课堂学时合计 | | | 28 |

(3) 四级/中级职业技能培训课程

| 模块 | 课程 | 学习单元 | 课堂学时 |
| --- | --- | --- | --- |
| 1. 订单接收与验视 | 1-1 接单前准备 | （1）配送工具安全性检查 | 1 |
| | | （2）配送工具清洗、消毒 | 1 |
| | | （3）热力图的识别与使用 | 1 |
| | 1-2 订单收取 | （1）接单顺序的编排 | 1 |
| | | （2）调度订单的收取 | 1 |
| | 1-3 订单核对 | （1）限运品、禁运品识别 | 1 |
| | | （2）限运品、禁运品配送处理 | 1 |
| | 1-4 接单后处理 | （1）疑似限运品、禁运品配送处理 | 1 |
| | | （2）调度订单的交接与核对 | 1 |
| 2. 订单配送 | 2-1 配送前准备 | （1）预付款和到付资费的核对 | 1 |
| | | （2）异常天气防护 | 1 |
| | 2-2 配送服务 | （1）款项的结算与收取 | 1 |
| | | （2）调配订单的配送 | 1 |
| | 2-3 配送后处理 | （1）无法配送订单的信息收集与上报 | 1 |
| | | （2）无法配送订单的移交 | 1 |
| | | （3）调配清单的复核 | 1 |
| 3. 安全与质量管理 | 3-1 公共安全防护 | （1）危险防范 | 1 |
| | | （2）防御性驾驶 | 1 |
| | 3-2 管理安全防护 | （1）入网食品安全隐患及问题的发现与上报 | 1 |
| | | （2）隐私保护 | 1 |
| 4. 异常管理 | 4-1 客诉处理 | （1）简单投诉的处理 | 1 |
| | | （2）客诉反馈意见的提交 | 1 |
| | 4-2 异常订单处理 | （1）配送异常处理 | 1 |
| | | （2）物品异常处理 | 1 |
| | | （3）客户异常处理 | 1 |
| | 4-3 应急处理 | （1）应急准备 | 1 |
| | | （2）低风险突发事件处理 | 1 |
| 5. 客户服务与开发 | 5-1 客户服务 | （1）配送过程界定 | 1 |
| | | （2）主动沟通 | 1 |
| | | （3）客户个性化服务需求的满足 | 1 |

续表

| 模块 | 课程 | 学习单元 | 课堂学时 |
|---|---|---|---|
| 5. 客户服务与开发 | 5-2 客户维护 | （1）变更客户基本信息 | 1 |
| | | （2）客户关系推送与联络 | 1 |
| 课堂学时合计 | | | 32 |

（4）三级/高级职业技能培训课程

| 模块 | 课程 | 学习单元 | 课堂学时 |
|---|---|---|---|
| 1. 订单接收与验视 | 1-1 接单前准备 | （1）配送车辆协调与维修 | 1 |
| | | （2）排班计划制订与出勤管理 | 1 |
| | 1-2 订单收取 | （1）配送优化 | 1 |
| | | （2）特殊物品接收 | 1 |
| | 1-3 订单核对 | （1）特殊物品验视 | 1 |
| | | （2）特殊物品配送建议 | 1 |
| | 1-4 接单后处理 | （1）特殊物品封装 | 1 |
| | | （2）多次调度订单的接收与调配 | 1 |
| 2. 订单配送 | 2-1 配送前准备 | （1）运力核检 | 1 |
| | | （2）人员与车辆调配 | 1 |
| | 2-2 配送服务 | （1）配送区域优化 | 1 |
| | | （2）配送订单调配 | 1 |
| | 2-3 配送后处理 | （1）不满意订单的跟踪 | 1 |
| | | （2）投诉、索赔的协助处理 | 1 |
| 3. 安全与质量管理 | 3-1 公共安全防护 | （1）公共安全事件的处理 | 1 |
| | | （2）配送员心理疏导 | 1 |
| | 3-2 管理安全防护 | （1）配送安全会议 | 1 |
| | | （2）财产安全培训 | 1 |
| 4. 异常管理 | 4-1 客诉处理 | （1）保险、保价、资费等投诉的现场处理 | 1 |
| | | （2）物品丢失订单的现场处理 | 2 |
| | 4-2 异常订单处理 | （1）订单改派处理 | 1 |
| | | （2）客户异常处理 | 1 |
| | | （3）平台异常处理 | 1 |
| | 4-3 应急处理 | （1）不能确定安全性物品的处置 | 1 |
| | | （2）中风险突发事件处理 | 1 |

续表

| 模块 | 课程 | 学习单元 | 课堂学时 |
|---|---|---|---|
| 5. 客户服务与开发 | 5-1 客户服务 | （1）服务反馈 | 1 |
| | | （2）服务质量监督与核验 | 1 |
| | 5-2 客户开发 | （1）配送服务和产品的推荐 | 1 |
| | | （2）客户服务需求信息的收集 | 1 |
| | 5-3 客户维护 | （1）客户回访与信息变更 | 1 |
| | | （2）优化服务建议 | 1 |
| | | （3）客户联络 | 1 |
| 6. 管理培训 | 6-1 团队组建 | （1）团队组建方案的制订 | 2 |
| | | （2）人员招聘 | 1 |
| | | （3）效率管控方案的制订 | 1 |
| | 6-2 培训指导 | （1）每日开工前培训 | 1 |
| | | （2）新入职人员岗前培训 | 1 |
| 课堂学时合计 | | | 39 |

（5）二级/技师职业技能培训课程

| 模块 | 课程 | 学习单元 | 课堂学时 |
|---|---|---|---|
| 1. 安全与质量管理 | 1-1 数据整理与分析 | （1）城市热力图数据整理与分析 | 1 |
| | | （2）订单配送数据图表的制作 | 1 |
| | | （3）评价信息的整理与分析 | 1 |
| | 1-2 质量管理 | （1）复杂配送方案 | 2 |
| | | （2）编制质量评价报告 | 2 |
| 2. 异常管理 | 2-1 客诉处理 | （1）客诉事件的定期整理与分析 | 1 |
| | | （2）复杂投诉问题的界定与处理 | 1 |
| | 2-2 异常处理 | （1）运力不足导致的配送异常处理 | 1 |
| | | （2）极端天气导致的配送异常处理 | 1 |
| | | （3）紧急事件导致的配送异常处理 | 1 |
| | 2-3 应急处理 | （1）高风险突发事件应急处理 | 2 |
| | | （2）突发事件处理指导 | 1 |
| 3. 客户服务与开发 | 3-1 客户开发 | （1）营销方案的制订 | 2 |
| | | （2）潜在客户的识别与挖掘 | 1 |
| | 3-2 客户维护 | （1）客户满意度调查 | 1 |
| | | （2）客户数据库维护 | 1 |

续表

| 模块 | 课程 | 学习单元 | 课堂学时 |
|---|---|---|---|
| 4．管理培训 | 4-1 团队组建 | （1）绩效考核指标设计 | 1 |
| | | （2）绩效考核办法的完善 | 1 |
| | 4-2 管理服务 | （1）日常运营情况的检查与问题解决 | 1 |
| | | （2）运营效率提升方案的制订 | 2 |
| | 4-3 培训指导 | （1）培训计划的编制 | 1 |
| | | （2）培训教材的编制 | 2 |
| | | （3）职业规范和培训流程的制订 | 2 |
| | | （4）操作技能培训 | 1 |
| 课堂学时合计 | | | 31 |

（6）一级／高级技师职业技能培训课程

| 模块 | 课程 | 学习单元 | 课堂学时 |
|---|---|---|---|
| 1．安全与质量管理 | 1-1 数据整理与分析 | （1）配送业务指标体系 | 2 |
| | | （2）数据统计分析报表与分析报告 | 2 |
| | | （3）区域配送服务的规划 | 1 |
| | 1-2 质量管理 | （1）资源配置方案 | 2 |
| | | （2）配送作业流程 | 1 |
| 2．异常管理 | 2-1 客诉处理 | （1）舆情风险类投诉问题的处理 | 1 |
| | | （2）客诉事件整改方案 | 1 |
| | | （3）法律层面客诉问题的配合处理 | 1 |
| | 2-2 异常处理 | （1）异常订单的总结与分析 | 1 |
| | | （2）异常订单处理方案的编制 | 2 |
| | 2-3 应急处理 | （1）突发事件级别评估与应急处理程序的启动 | 2 |
| | | （2）突发事件应急预案的制订 | 1 |
| | | （3）突发事件处理指导 | 1 |
| 3．客户服务与开发 | 3-1 客户开发 | （1）市场需求变化的跟踪 | 1 |
| | | （2）营销活动方案 | 1 |
| | 3-2 客户维护 | （1）客户信息动态管理 | 1 |
| | | （2）客户关系维护 | 2 |

续表

| 模块 | 课程 | 学习单元 | 课堂学时 |
|---|---|---|---|
| 4. 管理培训 | 4-1 管理服务 | （1）配送业务规章制度的制订 | 1 |
| | | （2）业务数据及职业发展趋势分析 | 2 |
| | 4-2 培训指导 | （1）培训计划、培训教材的审核与修改 | 1 |
| | | （2）操作技能培训 | 1 |
| 课堂学时合计 | | | 28 |

### 1.1.3　培训课程选择指导

职业基本素质培训课程为必修课程，相当于本职业的入门课程。各级别职业技能培训课程由培训机构教师根据培训学员实际情况，遵循高级别涵盖低级别的原则进行选择。

原则上，初入职的培训学员应学习职业基本素质培训课程和五级/初级职业技能培训课程的全部内容，有职业技能等级提升需求的培训学员，可按照国家职业技能标准的"鉴定要求"，对照自身需求选择更高级别的培训课程。

具有一定从业经验、无职业技能等级晋升要求的培训学员，可根据自身实际情况自主选择本职业培训课程体系。具体方法为：（1）选择课程模块；（2）在模块中筛选课程；（3）在课程中筛选学习单元；（4）组合成本次培训的整个课程。

培训教师可以根据以上方法对培训学员进行单独指导。对于订单培训，培训教师可以按照如上方法，对照订单要求进行培训课程的选择。

## 1.2　职业指南

### 1.2.1　职业描述

网约配送员是指通过互联网平台等，从事接收、验视客户订单并根据订单需求，按照平台智能规划路线，在一定时间内将订单物品递送至指定地点的服务人员。

### 1.2.2 职业培训对象

网约配送员职业培训的主要对象包括：城乡未继续升学的应届初高中毕业生、农村转移就业劳动者、城镇登记失业人员、转岗转业人员、退役军人、企业在职职工和高校毕业生等各类有培训需求的人员。

### 1.2.3 就业前景

网约配送员作为一个新的职业群体，收入可观，工作时间灵活，具有良好的就业和薪资前景，有利于各类劳动者实现就业。

## 1.3 培训机构设置指南

### 1.3.1 师资配备要求

（1）培训教师任职基本条件

1）培训五级/初级、四级/中级、三级/高级网约配送员的教师应具有本职业二级/技师及以上职业资格证书（技能等级证书）或相关专业中级及以上专业技术职务任职资格。

2）培训网约配送员二级/技师的教师应具有本职业一级/高级技师职业资格证书（技能等级证书）或相关专业高级专业技术职务任职资格。

3）培训网约配送员一级/高级技师的教师应具有本职业一级/高级技师职业资格证书（技能等级证书）2年以上或相关专业高级专业技术职务任职资格。

（2）培训教师数量要求（以30人培训班为基准）

1）理论课教师：2人（含）以上；培训规模超过30人的，按教师与学员之比不低于1∶20配备教师。

2）实习指导教师：2人（含）以上；培训规模超过30人的，按教师与学员之比不低于1∶20配备教师。

### 1.3.2 培训场所设备配置要求

培训场所设备配置要求如下（以30人培训班为基准）

（1）理论知识培训场所设备配置要求：70平方米以上标准教室，多媒体教学设备（计算机、投影仪、幕布或显示屏、网络接入设备、音响设备）、黑（白）板、30套以上桌椅，符合照明、通风、安全等相关规定。

（2）操作技能培训场所设备配置要求：实习工位充足，设备设施配套齐全，符合环保、劳保、安全、卫生、消防、通风和照明等相关规定及安全规程。其中，五级/初级、四级/中级、三级/高级的培训场所应具备教师演示和学员练习两个功能，并且满足人员流动性小、遮风挡雨、场所安静等要求；二级/技师、一级/高级技师的培训场所可选择在站点中心区、人流较复杂区域。

### 1.3.3 教学资料配备要求

（1）培训规范：《网约配送员国家职业技能标准》《网约配送员职业基本素质培训要求》《网约配送员职业技能培训要求》《网约配送员职业基本素质培训课程规范》《网约配送员职业技能培训课程规范》《网约配送员职业基本素质培训考核规范》《网约配送员职业技能培训理论知识考核规范》《网约配送员职业技能培训操作技能考核规范》。

（2）教学资源：教材教辅、网络资源等内容必须符合"（1）培训规范"。

### 1.3.4 管理人员配备要求

（1）专职校长：1人，应具有大专及以上文化程度、中级及以上专业技术职务任职资格，从事职业技术教育及教学管理5年以上，熟悉职业培训的有关法律、法规。

（2）教学管理人员：1人以上，专职不少于1人；应具有大专及以上文化程度、中级及以上专业技术职务任职资格，从事职业技术教育及教学管理5年以上，具有丰富的教学管理经验。

（3）办公室人员：1人以上，应具有大专及以上文化程度。

（4）财务管理人员：2人，应具有大专及以上文化程度及财会人员从业资格证书。

### 1.3.5 管理制度要求

应建立健全完备的管理制度，包括办学章程与发展规划、教学管理、教师管理、学员管理、财务管理、设备管理等制度。

# 2 课程包

## 2.1 培训要求

### 2.1.1 职业基本素质培训要求

| 职业基本素质模块 | 培训内容 | | 培训细目 |
|---|---|---|---|
| 1. 职业认知与职业道德 | 1-1 | 职业认知 | (1) 网约配送员简介<br>(2) 网约配送员的工作内容 |
| | 1-2 | 职业道德基本知识 | (1) "四德"建设的主要内容<br>(2) 社会主义核心价值观<br>(3) 职业道德修养<br>(4) 网约配送员职业道德规范 |
| | 1-3 | 职业守则 | 网约配送员职业守则 |
| 2. 专业基础知识 | 2-1 | 网约配送服务知识 | (1) 礼仪规范<br>(2) 语言规范 |
| | 2-2 | 安全和应急处理知识 | (1) 公共安全知识<br>(2) 应急处理知识 |
| | 2-3 | 网络配送信息知识 | (1) 配送信息获取<br>(2) 配送信息使用 |
| | 2-4 | 网络设施设备知识 | (1) 设备的安全使用与保养<br>(2) 工具的安全使用与保养 |
| | 2-5 | 基础道路交通知识 | (1) 城市布局<br>(2) 区域交通知识 |
| 3. 职业基础知识 | 3-1 | 职业性质 | (1) 性质与任务<br>(2) 方式方法<br>(3) 工作流程 |
| | 3-2 | 基本素质与行为规范 | (1) 基本素质<br>(2) 行为规范 |
| | 3-3 | 权利与义务 | (1) 职业权利<br>(2) 职业义务 |
| 4. 相关法律、法规知识 | 4-1 | 相关法律知识 | (1)《中华人民共和国劳动法》相关知识<br>(2)《中华人民共和国道路交通安全法》相关知识<br>(3)《中华人民共和国劳动合同法》相关知识<br>(4)《中华人民共和国食品安全法》相关知识<br>(5)《中华人民共和国消防法》相关知识 |

续表

| 职业基本素质模块 | 培训内容 | 培训细目 |
|---|---|---|
| 4．相关法律、法规知识 | 4-1 相关法律知识 | (6)《中华人民共和国突发事件应对法》相关知识<br>(7)《中华人民共和国消费者权益保护法》相关知识 |
| | 4-2 相关法规知识 | (1)《网络餐饮服务食品安全监督管理办法》相关知识<br>(2)《国家邮政局 公安部 国家安全部发布〈禁止寄递物品管理规定〉通告》相关知识 |

## 2.1.2 五级／初级职业技能培训要求

| 职业功能模块 | 培训内容 | 技能目标 | 培训细目 |
|---|---|---|---|
| 1．订单接收与验视 | 1-1 接单前准备 | 1-1-1 能配戴和使用手机、充电宝，并保证手机、充电宝的电量（及流量）充足 | (1) 正确配戴和使用手机、充电宝<br>(2) 确保配送车辆、手机、充电宝电量充足 |
| | | 1-1-2 能保持配送车辆外观整洁，配送箱内外清洁、无破损 | (1) 配送车辆卫生检查与准备<br>(2) 配送箱卫生检查与准备 |
| | | 1-1-3 能保持仪容仪表整洁 | 仪容仪表整洁 |
| | | 1-1-4 能根据地图辨认商圈内主要街道及建筑物 | (1) 配送区域内道路情况<br>(2) 配送区域内学校、写字楼、医院、酒店、社区等建筑物相关情况 |
| | 1-2 订单接收 | 1-2-1 能在规定时间内接收网络平台①推送的订单 | (1) 及时查看推送订单<br>(2) 遵守平台接单时间 |
| | | 1-2-2 能按照网络平台提供的定位、路径规划，在约定时间内到达订单收取地点并上报网络平台 | (1) 按照网络平台提供的定位、路径规划估算取单时间<br>(2) 按照网络平台提供的路径规划到达订单收取地点 |
| | 1-3 订单核对 | 1-3-1 能准确核对订单号码及物品，确认物品数量 | (1) 核实物品数量<br>(2) 核实附件（如餐具等）<br>(3) 核实订单金额<br>(4) 核实订单号和手机显示的订单是否一致 |
| | | 1-3-2 能检查订单外包装情况，确保包装完整 | (1) 检查订单外包装是否完整<br>(2) 识别包装不符合要求或破损的订单 |

①网络平台：外卖配送服务信息技术平台。

续表

| 职业功能模块 | 培训内容 | | 技能目标 | 培训细目 |
|---|---|---|---|---|
| 1. 订单接收与验视 | 1-4 | 接单后处理 | 1-4-1 能及时补录订单信息 | (1) 及时联系商家、客户、平台<br>(2) 补录订单基本信息 |
| | | | 1-4-2 能协调开具收据或发票 | (1) 协调开具收据<br>(2) 协调开具发票 |
| | | | 1-4-3 能与商户结清预付款 | (1) 计算预付款<br>(2) 识别假币 |
| | | | 1-4-4 能对确认无误的物品进行接单并即刻上报网络平台 | (1) 确认订单<br>(2) 上报网络平台 |
| 2. 订单配送 | 2-1 | 配送前准备 | 2-1-1 能及时与客户取得联系,确认订单内容与地址 | (1) 联系客户<br>(2) 确认订单内容与地址 |
| | | | 2-1-2 能按照类别分类存放物品 | (1) 分类整理物品<br>(2) 分类存放物品 |
| | | | 2-1-3 能按照接单顺序、物品特性和配送距离编排配送顺序 | 合理规划、编排配送顺序 |
| | 2-2 | 配送服务 | 2-2-1 能在规定时间内将配送物品送达客户指定地点 | (1) 在规定时间内完成配送<br>(2) 将物品送达客户指定地点 |
| | | | 2-2-2 能提示客户验视和签收配送物品 | (1) 提示客户验视配送物品<br>(2) 提示客户签收配送物品 |
| | | | 2-2-3 能向客户提供配送清单、发票等支付凭证 | (1) 提供配送清单<br>(2) 提供发票等支付凭证 |
| | | | 2-2-4 能在配送途中确保物品包装完整 | 确保物品包装完整 |
| | 2-3 | 配送后处理 | 2-3-1 能在客户确认配送无误后,在规定时间内上报网络平台 | (1) 确定客户验视完毕<br>(2) 将客户确认信息上报网络平台 |
| | | | 2-3-2 能将超时订单赔付情况上报网络平台 | (1) 处理超时订单信息<br>(2) 将超时订单赔付情况上报网络平台 |
| 3. 安全与质量管理 | 3-1 | 公共安全防护 | 3-1-1 能按照公共卫生防控要求做好个人卫生管理及安全防护 | (1) 遵守公共场所规定<br>(2) 遵守疫情防控规定 |
| | | | 3-1-2 能确保订单货款安全 | (1) 防范货款被窃<br>(2) 防范货款遗失 |

续表

| 职业功能模块 | 培训内容 | 技能目标 | 培训细目 |
|---|---|---|---|
| 3．安全与质量管理 | 3-2 管理安全防护 | 3-2-1 能通过网络平台完成交通事故处理流程 | （1）交通事故处理流程<br>（2）将交通事故处理信息上报网络平台 |
| | | 3-2-2 能通过网络平台完成保险报案处理流程 | （1）保险报案处理流程<br>（2）将保险报案信息上报网络平台 |
| 4．异常管理 | 4-1 客诉处理 | 4-1-1 能记录投诉与索赔信息 | （1）记录投诉信息<br>（2）记录索赔信息 |
| | | 4-1-2 能向网络平台移交投诉与索赔信息 | （1）向网络平台移交投诉信息<br>（2）向网络平台移交索赔信息 |
| | 4-2 异常订单处理 | 4-2-1 能及时识别订单异常情况 | （1）识别平台异常导致的订单异常情况<br>（2）识别价格异常导致的订单异常情况<br>（3）识别商家异常导致的订单异常情况<br>（4）识别客户异常导致的订单异常情况 |
| | | 4-2-2 能将异常订单通过网络平台上报 | （1）将平台异常订单通过网络平台上报<br>（2）将价格异常订单通过网络平台上报<br>（3）将商家异常订单通过网络平台上报<br>（4）将客户异常订单通过网络平台上报 |
| | 4-3 应急处理 | 4-3-1 能通过所处环境对紧急情况进行判断 | （1）取单过程中紧急情况的判断<br>（2）送单过程中紧急情况的判断 |
| | | 4-3-2 能及时上报配送过程中的突发事件 | （1）及时上报取单过程中的突发事件<br>（2）及时上报送单过程中的突发事件 |

续表

| 职业功能模块 | 培训内容 | 技能目标 | 培训细目 |
|---|---|---|---|
| 5. 客户服务与开发 | 5-1 客户服务 | 5-1-1 能使用文明礼貌用语提供服务 | 文明礼貌用语 |
| | | 5-1-2 能按平台要求在线完成客户服务 | （1）平台基本要求<br>（2）在线完成客户服务 |
| | 5-2 客户维护 | 5-2-1 能满足客户在配送覆盖范围内的配送需求 | （1）客户基本配送需求<br>（2）为客户提供服务 |
| | | 5-2-2 能及时反馈客户提出的问题 | （1）收集客户反馈意见<br>（2）将客户反馈意见上报平台 |

### 2.1.3 四级／中级职业技能培训要求

| 职业功能模块 | 培训内容 | 技能目标 | 培训细目 |
|---|---|---|---|
| 1. 订单接收与验视 | 1-1 接单前准备 | 1-1-1 能对配送车辆进行安全性检查 | （1）检查配送车辆的刹车装置<br>（2）检查配送车辆的后视镜和车灯 |
| | | 1-1-2 能操作不同配送模式下的常用配送装备 | （1）不同配送模式下的装备要求<br>（2）常用配送装备的使用和维护要求 |
| | | 1-1-3 能根据城市热力图选择配送区域 | （1）识别城市热力图<br>（2）选择配送区域 |
| | 1-2 订单收取 | 1-2-1 能按照订单收取地点编排接收、配送顺序 | （1）合理规划接单顺序<br>（2）分析配送区域内商家位置 |
| | | 1-2-2 能在规定时间内完成临时调度订单的收取 | （1）临时配送时间规划<br>（2）临时调度信息的收取 |
| | 1-3 订单核对 | 1-3-1 能识别限运品、禁运品 | （1）识别限运品<br>（2）识别禁运品 |
| | | 1-3-2 能对限运品、禁运品做限制配送和不能配送说明 | （1）对限运品做限制配送说明<br>（2）对禁运品做不能配送说明 |
| | 1-4 接单后处理 | 1-4-1 能对疑似限运品、禁运品进行处理 | （1）识别疑似限运品、禁运品<br>（2）处理疑似限运品、禁运品 |
| | | 1-4-2 能对调度订单进行交接与核对 | （1）交接调度订单<br>（2）核对调度订单 |

续表

| 职业功能模块 | 培训内容 | 技能目标 | 培训细目 |
|---|---|---|---|
| 2. 订单配送 | 2-1 配送前准备 | 2-1-1 能核对预付货款和到付资费 | (1) 核对预付款<br>(2) 核对到付资费 |
| | | 2-1-2 能针对异常天气采取物品防护措施 | (1) 异常天气的判断<br>(2) 配送物品的防护 |
| | 2-2 配送服务 | 2-2-1 能收取预付款和到付资费 | 结算并收取预付款和到付资费 |
| | | 2-2-2 能完成调配订单配送 | 调配订单配送 |
| | 2-3 配送后处理 | 2-3-1 能通过网络平台上报无法配送订单的信息 | (1) 上报商家原因导致无法配送订单的信息<br>(2) 上报客户原因导致无法配送订单的信息<br>(3) 上报其他原因导致无法配送订单的信息 |
| | | 2-3-2 能按网络平台要求移交无法配送的订单 | (1) 移交商家原因导致无法配送的订单<br>(2) 移交客户原因导致无法配送的订单<br>(3) 移交其他原因导致无法配送的订单 |
| | | 2-3-3 能按网络平台提供的调配清单复核配送信息 | (1) 获取调配清单<br>(2) 复核配送信息 |
| 3. 安全与质量管理 | 3-1 公共安全防护 | 3-1-1 能按照配送员基本安全要求完成配送 | 配送员基本安全要求 |
| | | 3-1-2 能处理交通事故，并运用防御性驾驶技巧 | 防御性驾驶技术的运用 |
| | 3-2 管理安全防护 | 3-2-1 能发现并上报入网食品安全隐患及问题 | (1) 入网食品安全隐患及问题的发现<br>(2) 入网食品安全隐患及问题的上报 |
| | | 3-2-2 能保护客户隐私信息 | 客户隐私信息的保护 |

续表

| 职业功能模块 | 培训内容 | 技能目标 | 培训细目 |
| --- | --- | --- | --- |
| 4. 异常管理 | 4-1 客诉处理 | 4-1-1 能现场处理延误等简单配送服务问题 | (1) 现场处理延误订单<br>(2) 现场处理物品损毁订单<br>(3) 现场处理物品丢失订单 |
| | | 4-1-2 能向网络平台提交客诉反馈意见 | 提交客诉反馈意见 |
| | 4-2 异常订单处理 | 4-2-1 能处理配送延误、多次递送消费者拒收、商品包装破损导致的配送异常 | (1) 处理配送延误的订单<br>(2) 处理多次递送的订单<br>(3) 处理消费者拒收的订单<br>(4) 处理物品包装破损的订单 |
| | | 4-2-2 能处理地址错误、商品倾洒、漏送、消费者失联导致的异常情况 | (1) 处理物品倾洒的订单<br>(2) 处理物品漏送的订单<br>(3) 处理消费者失联的订单 |
| | 4-3 应急处理 | 4-3-1 能对可能发生的紧急情况（如物品存放、配送车辆状况等）进行应急准备 | (1) 物品存放应急准备<br>(2) 配送车辆状况的应急准备 |
| | | 4-3-2 能对配送过程中出现的设备故障、客户间的冲突、交通事故、配送员身体状况异常等情况中的低风险突发事件进行处理 | (1) 处理配送中手机、车辆故障导致的低风险突发事件<br>(2) 处理与客户发生冲突导致的低风险突发事件<br>(3) 处理交通事故导致的低风险突发事件<br>(4) 处理配送员身体突发疾病导致的低风险突发事件 |
| 5. 客户服务与开发 | 5-1 客户服务 | 5-1-1 能在配送过程中与客户进行主动沟通 | 配送过程中与客户主动沟通 |
| | | 5-1-2 能满足客户个性化服务需求 | (1) 常见的客户个性化服务需求<br>(2) 客户个性化服务需求的满足 |
| | 5-2 客户维护 | 5-2-1 能根据客户特点进行拜访 | (1) 客户基本信息构成与变更<br>(2) 客户特点及相应拜访方式 |
| | | 5-2-2 能与客户维持关系 | 维护客户关系 |

## 2.1.4 三级/高级职业技能培训要求

| 职业功能模块 | 培训内容 | 技能目标 | 培训细目 |
| --- | --- | --- | --- |
| 1. 订单接收与验视 | 1-1 接单前准备 | 1-1-1 能对配送车辆问题进行处理 | (1) 配送车辆的协调<br>(2) 配送车辆的维修 |
| | | 1-1-2 能制订排班计划并进行出勤管控 | (1) 排班计划的制订<br>(2) 出勤管控 |
| | 1-2 订单收取 | 1-2-1 能设计订单配送路线 | 订单配送路线的设计 |
| | | 1-2-2 能完成特殊物品①订单的收取 | (1) 药品等医疗用品订单的收取<br>(2) 液体、化学品、锂电池、易碎品等订单的收取 |
| | 1-3 订单核对 | 1-3-1 能根据特殊物品订单的配送要求进行验视 | (1) 药品等医疗用品订单的验视<br>(2) 液体、化学品、锂电池、易碎品订单的验视 |
| | | 1-3-2 能根据验视情况提供配送建议 | (1) 药品等医疗用品订单的配送建议<br>(2) 液体、化学品、锂电池、易碎品订单的配送建议 |
| | 1-4 接单后处理 | 1-4-1 能对特殊物品订单配送采取防护措施 | (1) 药品等医疗用品订单的封装<br>(2) 液体、化学品、锂电池、易碎品订单的封装 |
| | | 1-4-2 能接收并调配多次调度订单 | (1) 多次调度订单的接收<br>(2) 多次调度订单的调配 |
| 2. 订单配送 | 2-1 配送前准备 | 2-1-1 能完成配送区域内的运力检核 | 配送区域内的运力检核 |
| | | 2-1-2 能根据订单需求调配人员和车辆 | (1) 根据订单需求调配人员<br>(2) 根据订单需求调配车辆 |
| | 2-2 配送服务 | 2-2-1 能根据城市热力图优化配送区域 | (1) 根据城市热力图调配人员<br>(2) 根据城市热力图优化订单接收位置 |
| | | 2-2-2 能对配送订单进行调配 | 配送订单的调配 |

① 特殊物品：药品等医疗用品、液体、化学品、锂电池、易碎品等具有特殊配送要求的物品。

续表

| 职业功能模块 | 培训内容 | 技能目标 | 培训细目 |
|---|---|---|---|
| 2. 订单配送 | 2-3 配送后处理 | 2-3-1 能针对不满意订单进行跟踪 | (1) 了解不满意订单具体情况<br>(2) 跟踪不满意订单处理情况 |
| | | 2-3-2 能处理投诉与索赔订单 | (1) 处理投诉订单<br>(2) 处理索赔订单 |
| 3. 安全与质量管理 | 3-1 公共安全防护 | 3-1-1 能对公共安全事件进行处理 | 公共安全事件的处理 |
| | | 3-1-2 能疏导配送员的心理健康问题 | 配送员心理健康问题疏导 |
| | 3-2 管理安全防护 | 3-2-1 能组织召开网约配送相关安全会议 | (1) 网约配送相关安全会议组织<br>(2) 网约配送相关安全会议内容设计 |
| | | 3-2-2 能组织财产安全及伪钞鉴别培训 | (1) 财产安全及伪钞鉴别培训组织<br>(2) 财产安全及伪钞鉴别培训内容设计 |
| 4. 异常管理 | 4-1 客诉处理 | 4-1-1 能现场处理涉及保险、保价、退款、货损等的投诉 | (1) 现场处理涉及保险、保价的投诉<br>(2) 现场处理涉及退款、货损等的投诉 |
| | | 4-1-2 能对退款、货损等情况提出赔偿解决方案 | (1) 物品丢失订单的处理<br>(2) 赔偿方案的制订 |
| | 4-2 异常订单处理 | 4-2-1 能处理手机及配送车辆等设备故障、备用金不足、交通事故、订单量过多等原因导致的订单改派 | (1) 手机、配送车辆等故障导致的订单改派<br>(2) 备用金不足导致的订单改派<br>(3) 交通事故导致的订单改派<br>(4) 订单量过多导致的订单改派 |
| | | 4-2-2 能处理商户无法提供物品、消费者取消订单等客户原因导致的异常情况 | (1) 处理商户无法提供物品导致的异常情况<br>(2) 处理消费者取消订单导致的异常情况 |
| | | 4-2-3 能处理订单超区、价格异常等平台原因导致的异常情况 | (1) 处理订单超区导致的异常情况<br>(2) 处理价格异常导致的异常情况 |

续表

| 职业功能模块 | 培训内容 | 技能目标 | 培训细目 |
| --- | --- | --- | --- |
| 4. 异常管理 | 4-3 应急处理 | 4-3-1 能对当场不能确定安全性的物品进行处置 | 处置当场不能确定安全性的物品 |
| | | 4-3-2 能对配送过程中出现的设备故障、客户间的冲突、交通事故、配送员身体状况等情况中的中风险突发事件进行处理 | (1) 处理手机、配送车辆故障导致的中风险突发事件<br>(2) 处理与客户发生冲突导致的中风险突发事件<br>(3) 处理发生交通事故导致的中风险突发事件<br>(4) 处理配送员身体状况异常导致的中风险突发事件 |
| 5. 客户服务与开发 | 5-1 客户服务 | 5-1-1 能根据订单配送情况的变化对客户进行服务反馈 | (1) 订单配送变化情况<br>(2) 服务反馈 |
| | | 5-1-2 能监督、核验四级/中级工及以下级别人员的客户服务质量 | 监督、核验客户服务质量 |
| | 5-2 客户开发 | 5-2-1 能向客户推荐配送服务和产品 | (1) 推荐配送服务<br>(2) 推荐配送产品 |
| | | 5-2-2 能收集客户服务需求信息 | 收集客户服务需求信息 |
| | 5-3 客户维护 | 5-3-1 能及时完成客户基本信息变更 | 变更客户基本信息 |
| | | 5-3-2 能根据客户需求提出服务优化建议 | (1) 客户服务需求分析<br>(2) 客户服务优化建议 |
| | | 5-3-3 能通过网络平台推送的方式联络客户 | 通过网络平台推送的方式联络客户 |
| 6. 管理培训 | 6-1 团队组建 | 6-1-1 能根据运力缺口制订团队组建人员需求方案 | (1) 运力缺口分析<br>(2) 制订团队组建人员需求方案 |
| | | 6-1-2 能根据需求方案组织人员招聘 | (1) 拟订招聘方案<br>(2) 组织人员招聘 |
| | | 6-1-3 能根据不同的配送形态制订效率管控方案 | 制订效率管控方案 |
| | 6-2 培训指导 | 6-2-1 能组织四级/中级工及以下级别人员召开每日例会 | 组织召开每日例会 |
| | | 6-2-2 能组织新入职人员进行岗前培训 | 组织新入职人员进行岗前培训 |

## 2.1.5 二级/技师职业技能培训要求

| 职业功能模块 | 培训内容 | 技能目标 | 培训细目 |
| --- | --- | --- | --- |
| 1. 安全与质量管理 | 1-1 数据整理与分析 | 1-1-1 能整理与分析城市热力图数据 | (1) 整理城市热力图流量、流向数据<br>(2) 分析城市热力图流量、流向数据 |
| | | 1-1-2 能制作订单配送数据图表 | 制作订单配送数据图表 |
| | | 1-1-3 能定期整理并分析评价信息 | (1) 定期整理来自内部的评价信息<br>(2) 定期整理来自外部的评价信息<br>(3) 定期分析来自内部的评价信息<br>(4) 定期分析来自外部的评价信息 |
| | 1-2 质量管理 | 1-2-1 能提供复杂配送方案 | 为客户提供复杂配送的合理方案 |
| | | 1-2-2 能根据配送环节的监督、检查、调配信息编制质量评价报告 | (1) 收集配送环节的监督、检查、调配信息<br>(2) 编制质量评价报告 |
| 2. 异常管理 | 2-1 客诉处理 | 2-1-1 能整理并分析客诉事件 | (1) 定期整理客诉事件<br>(2) 定期分析客诉事件 |
| | | 2-1-2 能处理多方权责难以界定的复杂投诉问题 | 处理复杂投诉问题 |
| | 2-2 异常处理 | 2-2-1 能处理即时运力不足导致的配送异常 | (1) 发现即时运力不足情况<br>(2) 处理即时运力不足导致的配送异常 |
| | | 2-2-2 能处理极端天气导致的配送异常 | (1) 极端天气的预警<br>(2) 处理极端天气导致的配送异常 |
| | | 2-2-3 能处理严重交通事故、冲突等紧急事件导致的配送异常 | (1) 处理配送员在配送途中遇到严重交通事故导致的配送异常<br>(2) 处理配送员与客户发生冲突导致的配送异常 |

续表

| 职业功能模块 | 培训内容 | 技能目标 | 培训细目 |
|---|---|---|---|
| 2. 异常管理 | 2-3 应急处理 | 2-3-1 能对配送过程中出现的设备故障、客户间的冲突、交通事故、配送员身体状况等情况中的高风险突发事件进行处理 | （1）处理配送过程中设备故障导致不能配送订单的情况<br>（2）处理配送过程中与客户发生冲突导致不能配送订单的情况<br>（3）处理配送过程中发生交通事故导致不能配送订单的情况<br>（4）处理配送过程中配送员身体状况异常导致不能配送订单的情况 |
| | | 2-3-2 能指导三级/高级工及以下级别人员进行突发事件的处理 | 指导三级/高级工及以下级别人员进行突发事件的处理 |
| 3. 客户服务与开发 | 3-1 客户开发 | 3-1-1 能根据客户服务需求制订营销方案 | （1）客户服务需求分析<br>（2）制订营销方案 |
| | | 3-1-2 能根据营销方案挖掘潜在客户 | （1）识别潜在客户<br>（2）挖掘潜在客户 |
| | 3-2 客户维护 | 3-2-1 能进行客户满意度调查 | （1）设计客户满意度调查问卷<br>（2）调查客户满意度情况 |
| | | 3-2-2 能维护客户数据库 | 维护客户数据库 |
| 4. 管理培训 | 4-1 团队组建 | 4-1-1 能制订绩效考核体系 | 制订绩效考核体系 |
| | | 4-1-2 能根据考核体系完善绩效考核办法 | （1）完善绩效考核办法<br>（2）编制绩效考核办法说明 |
| | 4-2 管理服务 | 4-2-1 能依据日常运营情况进行管理 | （1）一般情况的检查与问题解决<br>（2）异常处理情况的检查与问题解决<br>（3）应急处理情况的检查与问题解决 |
| | | 4-2-2 能制订运营效率提升方案 | （1）制订运营效率提升方案<br>（2）编制运营效率提升方案说明 |
| | 4-3 培训指导 | 4-3-1 能编制培训计划 | 编制培训计划 |
| | | 4-3-2 能编写培训教材 | （1）编写配送业务流程培训教材<br>（2）编写工具使用培训教材<br>（3）编写操作标准培训教材 |
| | | 4-3-3 能制订标准化职业规范及培训流程 | （1）制订标准化职业规范<br>（2）制订标准化培训流程 |
| | | 4-3-4 能对三级/高级工及以下级别人员进行操作技能培训 | 对三级/高级工及以下级别人员进行操作技能培训 |

## 2.1.6 一级/高级技师职业技能培训要求

| 职业功能模块 | 培训内容 | 技能目标 | 培训细目 |
|---|---|---|---|
| 1. 安全与质量管理 | 1-1 数据整理与分析 | 1-1-1 能根据配送业务的特点及需求设计指标体系 | （1）分析配送业务的特点和需求<br>（2）设计指标体系 |
| | | 1-1-2 能编制数据统计分析报表并撰写数据统计分析报告 | （1）编制数据统计分析报表<br>（2）撰写数据统计分析报告 |
| | | 1-1-3 能根据相关数据规划区域配送服务 | 规划区域配送服务 |
| | 1-2 质量管理 | 1-2-1 能根据数据分析结果针对人员、区域范围、场地设备提出改进方案 | （1）分析人员、运力、设备等资源配置情况<br>（2）编制人员、运力、设备等资源配置优化方案 |
| | | 1-2-2 能根据质量评价报告优化配送作业流程 | （1）解读质量评价报告<br>（2）优化配送作业流程 |
| 2. 异常管理 | 2-1 客诉处理 | 2-1-1 能处理舆情风险类投诉问题 | 处理舆情风险类投诉问题 |
| | | 2-1-2 能定期制订客诉事件处理整改方案 | （1）定期整理客诉事件<br>（2）撰写整改方案 |
| | | 2-1-3 能配合处理仲裁、诉讼等法律层面的客诉问题 | （1）配送相关法律业务流程<br>（2）配合处理仲裁、诉讼等法律层面的客诉问题 |
| | 2-2 异常处理 | 2-2-1 能总结和分析异常订单 | （1）总结异常订单<br>（2）分析异常订单 |
| | | 2-2-2 能按照异常情况的类别分类编制处理解决办法 | （1）异常情况分类<br>（2）编制异常情况分类处理解决办法 |
| | 2-3 应急处理 | 2-3-1 能评估突发事件级别并启动应急处理程序 | （1）评估公共卫生突发事件级别并启动应急程序<br>（2）评估极端天气突发事件级别并启动应急程序<br>（3）评估交通事故突发事件级别并启动应急程序 |
| | | 2-3-2 能对配送过程中的突发事件提出应急预案 | 提出突发事件的应急预案 |
| | | 2-3-3 能指导二级/技师及以下级别人员进行突发事件处理 | 指导二级/技师及以下级别人员进行突发事件处理 |

续表

| 职业功能模块 | 培训内容 | 技能目标 | 培训细目 |
|---|---|---|---|
| 3．客户服务与开发 | 3-1 客户开发 | 3-1-1 能根据市场需求变化制订营销方案 | (1) 市场需求变化情况<br>(2) 制订营销方案 |
| | | 3-1-2 能组织营销活动 | 组织营销活动 |
| | 3-2 客户维护 | 3-2-1 能建立客户信息动态调整机制 | 建立客户信息动态调整机制 |
| | | 3-2-2 能制订客户关系管理方案 | (1) 提出维护客户关系方案<br>(2) 提出稳定客户群的方案 |
| 4．管理培训 | 4-1 管理服务 | 4-1-1 能制订并完善配送业务相关规章制度 | (1) 制订配送业务相关规章制度<br>(2) 完善配送业务相关规章制度 |
| | | 4-1-2 能根据相关数据分析业务发展趋势 | (1) 分析业务数据<br>(2) 分析业务发展趋势 |
| | 4-2 培训指导 | 4-2-1 能审核并修改培训计划及培训教材 | (1) 审核培训计划和培训教材<br>(2) 修改培训计划和培训教材 |
| | | 4-2-2 能对二级/技师及以下级别人员进行操作技能培训 | 对二级/技师及以下级别人员进行操作技能培训 |

## 2.2 课程规范

### 2.2.1 职业基本素质培训课程规范

| 模块 | 课程 | 学习单元 | 课程内容 | 培训建议 | 课堂学时 |
|---|---|---|---|---|---|
| 1．职业认知与职业道德 | 1-1 职业认知 | 职业认知 | 1) 配送行业认知<br>①配送的定义<br>②配送的特点<br>2) 网约配送员职业能力<br>3) 网约配送员职业发展 | (1) 方法：讲授法<br>(2) 重点与难点：网约配送员职业能力 | 1 |

续表

| 模块 | 课程 | 学习单元 | 课程内容 | 培训建议 | 课堂学时 |
|---|---|---|---|---|---|
| 1．职业认知与职业道德 | 1-2 职业道德基本知识 | 道德与职业道德 | 1）道德<br>①道德的含义<br>②维护道德的依据<br>③公民道德规范<br>④社会主义核心价值观 | （1）方法：讲授法、案例教学法<br>（2）重点与难点：网约配送员的职业道德规范 | 1 |
| | | | 2）职业道德<br>①职业道德的概念<br>②各行业共同的道德内容<br>③服务态度、服务质量、职业道德三者的关系<br>④加强职业道德修养 | | |
| | | | 3）网约配送员的职业道德规范<br>①形象规范<br>②态度规范<br>③联系规范<br>④道德规范 | | |
| | 1-3 职业守则 | 职业守则 | 1）遵纪守法，服务社会 | （1）方法：讲授法、案例教学法<br>（2）重点与难点：职业守则 | 1 |
| | | | 2）着装整洁，礼貌文明 | | |
| | | | 3）团结协作，勤奋务实 | | |
| | | | 4）保守秘密，确保安全 | | |
| 2．专业基础知识 | 2-1 网约配送服务知识 | （1）礼仪规范 | 1）仪表的重要性 | （1）方法：讲授法、讨论法<br>（2）重点与难点：仪容仪表要求 | 1 |
| | | | 2）整体形象展示 | | |
| | | | 3）仪容仪表要求<br>①头发要求<br>②面目要求<br>③身体手部要求<br>④衣着要求<br>⑤饰品要求 | | |
| | | （2）语言规范 | 1）文明用语 | （1）方法：讲授法、讨论法<br>（2）重点与难点：文明用语 | 1 |
| | | | 2）沟通话术<br>①沟通技巧与方法<br>②沟通术语 | | |

续表

| 模块 | 课程 | 学习单元 | 课程内容 | 培训建议 | 课堂学时 |
|---|---|---|---|---|---|
| 2．专业基础知识 | 2-2 安全和应急处理知识 | （1）交通安全知识 | 1）交通法规常识 | （1）方法：讲授法、讨论法、案例教学法<br>（2）重点与难点：安全行驶规定 | 1 |
| | | | 2）安全行驶规定 | | |
| | | | 3）驾驶陋习 | | |
| | | （2）消防安全知识 | 1）消防事故警示 | （1）方法：讲授法、讨论法、案例教学法<br>（2）重点与难点：消防相关行政法规知识 | 1 |
| | | | 2）消防法律知识 | | |
| | | | 3）消防相关行政法规知识 | | |
| | | | 4）消防相关地方法规知识 | | |
| | | | 5）消防技术标准 | | |
| | | （3）食品安全知识 | 1）食品安全与风险防范 | （1）方法：讲授法、讨论法、案例教学法<br>（2）重点与难点：食品安全与风险防范 | 1 |
| | | | 2）食品污染 | | |
| | | （4）人身及财产安全知识 | 1）配送行业安全防护知识 | （1）方法：讲授法、讨论法、案例教学法<br>（2）重点与难点：配送行业安全防护知识 | 1 |
| | | | 2）人身及财产安全知识 | | |
| | | （5）应急处理知识 | 1）常见突发事件 | （1）方法：讲授法、讨论法、案例教学法<br>（2）重点与难点：应急处理原则 | 1 |
| | | | 2）应急处理原则 | | |
| | 2-3 网络配送信息知识 | （1）配送信息获取 | 1）信息获取途径 | （1）方法：讲授法<br>（2）重点与难点：信息获取方法 | 1 |
| | | | 2）信息获取方法 | | |
| | | （2）配送信息使用 | 1）信息使用范围 | （1）方法：讲授法<br>（2）重点与难点：信息使用方法 | 1 |
| | | | 2）信息使用方法 | | |

续表

| 模块 | 课程 | 学习单元 | 课程内容 | 培训建议 | 课堂学时 |
|---|---|---|---|---|---|
| 2. 专业基础知识 | 2-4 网络设施设备知识 | (1) 设备、工具使用 | 1) 电动车的使用<br>2) 配送箱的使用<br>3) 手机与系统的使用 | (1) 方法：讲授法、讨论法<br>(2) 重点与难点：设备、工具的使用 | 1 |
| | | (2) 设备、工具保养 | 1) 电动车的维护保养<br>2) 配送箱的维护保养<br>3) 手机与系统的维护保养 | (1) 方法：讲授法、讨论法<br>(2) 重点与难点：设备、工具的保养 | 1 |
| | 2-5 基础道路交通知识 | 城市路网知识 | 1) 路网概况<br>①车流量<br>②人流量<br>2) 配送区域划分 | (1) 方法：讲授法、讨论法、案例教学法<br>(2) 重点与难点：路网概况 | 1 |
| 3. 职业基础知识 | 3-1 职业性质 | (1) 性质与任务 | 1) 职业性质<br>2) 职业任务 | (1) 方法：讲授法、讨论法<br>(2) 重点与难点：职业任务 | 1 |
| | | (2) 方式方法 | 1) 职业开展的主要方式<br>①全职<br>②兼职<br>2) 职业开展的其他方式 | (1) 方法：讲授法、讨论法<br>(2) 重点与难点：职业开展的主要方式 | 1 |
| | | (3) 工作流程 | 1) 环节<br>2) 步骤<br>3) 程序 | (1) 方法：讲授法、讨论法<br>(2) 重点与难点：程序 | 1 |
| | 3-2 基本素质与行为规范 | (1) 基本素质 | 1) 身体素质<br>2) 心理素质<br>3) 思想素质 | (1) 方法：讲授法、讨论法、案例教学法<br>(2) 重点与难点：思想素质、心理素质 | 1 |
| | | (2) 行为规范 | 1) 行为规范的主要内容<br>①规则<br>②标准<br>2) 行为规范的法律依据 | (1) 方法：讲授法、讨论法、案例教学法<br>(2) 重点与难点：行为规范的主要内容 | 1 |

续表

| 模块 | 课程 | 学习单元 | 课程内容 | 培训建议 | 课堂学时 |
|---|---|---|---|---|---|
| 3．职业基础知识 | 3-3 权利与义务 | （1）职业权利 | 1）权利的主要内容 | （1）方法：讲授法、讨论法、案例教学法<br>（2）重点与难点：权利的维护 | 1 |
| | | | 2）权利的维护 | | |
| | | （2）职业义务 | 1）义务的主要内容 | （1）方法：讲授法、讨论法、案例教学法<br>（2）重点与难点：社会责任 | 1 |
| | | | 2）社会责任 | | |
| 4．相关法律、法规知识 | 4-1 相关法律知识 | 相关法律知识 | 1）《中华人民共和国劳动法》相关知识 | （1）方法：讲授法、案例教学法<br>（2）重点与难点：《中华人民共和国劳动法》相关知识 | 1 |
| | | | 2）《中华人民共和国道路交通安全法》相关知识 | | |
| | | | 3）《中华人民共和国劳动合同法》相关知识 | | |
| | | | 4）《中华人民共和国食品安全法》相关知识 | | |
| | | | 5）《中华人民共和国消防法》相关知识 | | |
| | | | 6）《中华人民共和国突发事件应对法》相关知识 | | |
| | | | 7）《中华人民共和国消费者权益保护法》相关知识 | | |
| | 4-2 相关法规知识 | 相关法规知识 | 1）《网络餐饮服务食品安全监督管理办法》相关知识 | （1）方法：讲授法、案例教学法<br>（2）重点与难点：《网络餐饮服务食品安全监督管理办法》相关知识 | 1 |
| | | | 2）《国家邮政局 公安部 国家安全部发布〈禁止寄递物品管理规定〉通告》相关知识 | | |
| 课堂学时合计 | | | | | 24 |

## 2.2.2 五级/初级职业技能培训课程规范

| 模块 | 课程 | 学习单元 | 课程内容 | 培训建议 | 课堂学时 |
|---|---|---|---|---|---|
| 1. 订单接收与验视 | 1-1 接单前准备 | (1) 设备、工具准备 | 1) 配送车辆、手机、充电宝等的检查<br>2) 设备、工具安全检查<br>3) 配送箱卫生检查 | (1) 方法：讲授法、实训（练习）法<br>(2) 重点与难点：设备、工具安全检查 | 1 |
| | | (2) 环境准备 | 电子地图的应用<br>①配送区域内主要道路分布<br>②配送区域内主要建筑物分布 | (1) 方法：讲授法、实训（练习）法<br>(2) 重点与难点：电子地图的应用 | 1 |
| | 1-2 订单接收 | 网络平台订单接收 | 1) 网络平台订单接收时限要求<br>2) 取单时间估算<br>3) 网络平台订单接收方法<br>4) 网络平台订单接收注意事项 | (1) 方法：讲授法、演示法<br>(2) 重点与难点：网络平台订单接收方法 | 1 |
| | 1-3 订单核对 | (1) 订单信息核对 | 1) 订单核对要点<br>①订单号<br>②数量<br>③金额<br>2) 订单核对的方法 | (1) 方法：讲授法、实训（练习）法<br>(2) 重点与难点：订单核对的方法 | 1 |
| | | (2) 订单外包装检查 | 1) 验视方法与规则<br>2) 食品的包装要求 | (1) 方法：讲授法、实训（练习）法<br>(2) 重点与难点：验视方法与规则 | 1 |
| | 1-4 接单后处理 | (1) 补录信息 | 1) 信息的确认<br>2) 补录流程<br>3) 补录方法 | (1) 方法：讲授法、实训（练习）法<br>(2) 重点与难点：补录方法 | 1 |
| | | (2) 协调开具收据、发票 | 1) 开票所需信息<br>2) 开票基本流程 | (1) 方法：讲授法、实训（练习）法<br>(2) 重点与难点：开票基本流程 | 1 |

续表

| 模块 | 课程 | 学习单元 | 课程内容 | 培训建议 | 课堂学时 |
|---|---|---|---|---|---|
| 1. 订单接收与验视 | 1-4 接单后处理 | （3）预付款结算及货币真伪的辨别 | 1）预付款的构成<br>2）预付款结算方法<br>3）假币的识别<br>①假币的特点<br>②假币的识别方法 | （1）方法：讲授法、演示法<br>（2）重点与难点：预付款结算方法 | 1 |
| | | （4）接单后确认 | 1）订单的确认<br>2）订单的上报流程<br>3）订单的上报方法 | （1）方法：讲授法、演示法<br>（2）重点与难点：订单的确认 | 1 |
| 2. 订单配送 | 2-1 配送前准备 | （1）客户联系的方法与规则 | 1）客户联系的方法<br>2）客户联系的规则 | （1）方法：讲授法、演示法<br>（2）重点与难点：客户联系的规则 | 1 |
| | | （2）地址及物品核对 | 1）核对的流程<br>2）核对的规则 | （1）方法：讲授法、演示法<br>（2）重点与难点：核对的规则 | 1 |
| | | （3）物品分类 | 1）物品分类的原则<br>2）物品分类的方法 | （1）方法：讲授法、演示法<br>（2）重点与难点：物品分类的方法 | 1 |
| | | （4）配送顺序编排 | 1）配送排序原则<br>2）配送排序的基本方法 | （1）方法：讲授法、演示法<br>（2）重点与难点：配送排序的基本方法 | 1 |
| | 2-2 配送服务 | 配送服务基本流程 | 1）配送的时间要求<br>2）订单交付<br>①物品送达<br>②客户验视与签收<br>3）凭证交付<br>①配送清单<br>②收据及发票<br>4）保持物品包装完整的相关要求 | （1）方法：讲授法、实训（练习）法<br>（2）重点与难点：订单交付 | 1 |

续表

| 模块 | 课程 | 学习单元 | 课程内容 | 培训建议 | 课堂学时 |
|---|---|---|---|---|---|
| 2. 订单配送 | 2-3 配送后处理 | (1) 配送确认 | 1) 确认配送任务完成<br>2) 配送完成的上报流程与方法 | (1) 方法：讲授法、实训（练习）法<br>(2) 重点与难点：配送完成的上报流程与方法 | 1 |
| | | (2) 配送超时 | 1) 超时赔付的处理流程<br>2) 超时赔付的上报流程与方法 | (1) 方法：讲授法、实训（练习）法<br>(2) 重点与难点：超时赔付的上报流程与方法 | 1 |
| 3. 安全与质量管理 | 3-1 公共安全防护 | 公共安全防护 | 1) 进入公共场所基本要求<br>①确认健康码<br>②测量体温<br>2) 疫情防控要求<br>①正确佩戴口罩<br>②正确洗手消毒<br>3) 货款防护要求<br>①被窃与遗失的常见情况<br>②防护的基本方法 | (1) 方法：讲授法、实训（练习）法<br>(2) 重点与难点：货款防护要求 | 1 |
| | 3-2 管理安全防护 | (1) 交通事故处理 | 1) 交通事故处理流程<br>①操作要点<br>②注意事项<br>2) 交通事故上报操作说明<br>①操作要点<br>②注意事项<br>③操作流程图 | (1) 方法：讲授法、实训（练习）法<br>(2) 重点与难点：交通事故处理流程 | 1 |
| | | (2) 保险事件报案处理 | 1) 保险事件处理流程<br>①操作要点<br>②注意事项<br>2) 保险事件上报操作说明<br>①操作要点<br>②注意事项<br>③操作流程图 | (1) 方法：讲授法、实训（练习）法<br>(2) 重点与难点：保险事件处理流程 | 1 |

续表

| 模块 | 课程 | 学习单元 | 课程内容 | 培训建议 | 课堂学时 |
|---|---|---|---|---|---|
| 4. 异常管理 | 4-1 客诉处理 | （1）投诉、索赔信息记录 | 1）投诉、索赔信息记录方法 | （1）方法：讲授法、实训（练习）法<br>（2）重点与难点：投诉、索赔信息记录流程 | 1 |
| | | | 2）投诉、索赔信息记录流程 | | |
| | | （2）投诉、索赔信息移交 | 1）投诉、索赔信息移交方法 | （1）方法：讲授法、实训（练习）法<br>（2）重点与难点：投诉、索赔信息移交流程 | 1 |
| | | | 2）投诉、索赔信息移交流程 | | |
| | 4-2 异常订单处理 | （1）识别异常订单 | 1）异常订单的类型及特点<br>①平台异常<br>②价格异常<br>③商家异常<br>④客户异常 | （1）方法：讲授法、案例教学法<br>（2）重点与难点：常见的异常订单 | 1 |
| | | | 2）常见的异常订单 | | |
| | | （2）异常订单上报 | 1）异常订单上报方法 | （1）方法：讲授法、实训（练习）法<br>（2）重点与难点：异常订单上报流程 | 1 |
| | | | 2）异常订单上报流程 | | |
| | 4-3 应急处理 | （1）紧急情况判断 | 1）紧急情况概述 | （1）方法：讲授法、案例教学法<br>（2）重点与难点：紧急情况分类 | 1 |
| | | | 2）紧急情况分类<br>①分类原则<br>②分类方法 | | |
| | | （2）紧急情况上报 | 1）不同阶段紧急情况上报方法 | （1）方法：讲授法、实训（练习）法<br>（2）重点与难点：不同阶段紧急情况上报流程 | 1 |
| | | | 2）不同阶段紧急情况上报流程 | | |
| 5. 客户服务与开发 | 5-1 客户服务 | 线上客户服务 | 1）平台基本要求 | （1）方法：讲授法、实训（练习）法<br>（2）重点与难点：线上客户服务流程 | 1 |
| | | | 2）线上客户服务流程 | | |
| | 5-2 客户维护 | （1）满足客户基本配送需求 | 1）满足需求的基本条件 | （1）方法：讲授法、案例教学法<br>（2）重点与难点：满足需求的基本方法 | 1 |
| | | | 2）满足需求的基本方法 | | |

| 模块 | 课程 | 学习单元 | 课程内容 | 培训建议 | 课堂学时 |
|---|---|---|---|---|---|
| 5. 客户服务与开发 | 5-2 客户维护 | （2）服务反馈 | 1）收集客户反馈意见的途径<br>2）服务反馈的主要内容<br>3）服务反馈的基本原则<br>4）反馈上报的基本方法<br>5）反馈上报的操作流程<br>①操作要点<br>②注意事项<br>③操作流程图 | （1）方法：讲授法、实训（练习）法<br>（2）重点与难点：反馈上报的操作流程 | 1 |
| 课堂学时合计 | | | | | 28 |

### 2.2.3 四级/中级职业技能培训课程规范

| 模块 | 课程 | 学习单元 | 课程内容 | 培训建议 | 课堂学时 |
|---|---|---|---|---|---|
| 1. 订单接收与验视 | 1-1 接单前准备 | （1）配送工具安全性检查 | 1）日常检查与维护要求<br>2）安全性检查的流程<br>3）安全性检查的方法 | （1）方法：讲授法、实训（练习）法<br>（2）重点与难点：安全性检查的流程 | 1 |
| | | （2）配送工具清洗、消毒 | 1）配送工具清洗<br>①清洗方法<br>②清洗流程<br>2）配送工具消毒<br>①消毒基本原则<br>②消毒用品的分类<br>③消毒方法<br>④消毒流程 | （1）方法：讲授法、实训（练习）法<br>（2）重点与难点：配送工具消毒 | 1 |
| | | （3）热力图的识别与使用 | 1）热力图识别<br>①识别基本原则<br>②热力分布特点<br>2）热力图使用<br>①配送区域选择依据<br>②配送区域选择方法 | （1）方法：讲授法、实训（练习）法<br>（2）重点与难点：热力图使用 | 1 |

续表

| 模块 | 课程 | 学习单元 | 课程内容 | 培训建议 | 课堂学时 |
|---|---|---|---|---|---|
| 1. 订单接收与验视 | 1-2 订单收取 | (1) 接单顺序的编排 | 1) 接单原则<br>①配送地址<br>②商家位置<br>2) 接单顺序编排方法 | (1) 方法：讲授法、案例教学法、实训（练习）法<br>(2) 重点与难点：接单顺序编排方法 | 1 |
| | | (2) 调度订单的收取 | 1) 调度订单的收取时间要求<br>2) 调度订单的收取原则 | (1) 方法：讲授法、案例教学法<br>(2) 重点与难点：调度订单的收取原则 | 1 |
| | 1-3 订单核对 | (1) 限运品、禁运品识别 | 1) 识别限运品<br>①限运品定义<br>②限运品分类<br>③国家法律法规对限运品的基本要求<br>2) 识别禁运品<br>①禁运品定义<br>②禁运品分类<br>③国家法律法规对禁运品的基本要求 | (1) 方法：讲授法、案例教学法<br>(2) 重点与难点：限运品、禁运品识别 | 1 |
| | | (2) 限运品、禁运品配送处理 | 1) 限运品、禁运品配送规定<br>2) 限制配送与不能配送情况处理<br>①处理方法<br>②处理流程 | (1) 方法：讲授法、案例教学法<br>(2) 重点与难点：限运品、禁运品配送规定 | 1 |
| | 1-4 接单后处理 | (1) 疑似限运品、禁运品配送处理 | 1) 疑似限运品、禁运品识别<br>2) 疑似限运品、禁运品配送处理<br>①处理方法<br>②处理流程 | (1) 方法：讲授法、案例教学法<br>(2) 重点与难点：疑似限运品、禁运品配送处理 | 1 |
| | | (2) 调度订单的交接与核对 | 1) 调度订单交接与核对的基本原则<br>2) 调度订单交接与核对的基本方法 | (1) 方法：讲授法、实训（练习）法<br>(2) 重点与难点：调度订单交接与核对的基本方法 | 1 |

续表

| 模块 | 课程 | 学习单元 | 课程内容 | 培训建议 | 课堂学时 |
|---|---|---|---|---|---|
| 2. 订单配送 | 2-1 配送前准备 | (1) 预付款和到付资费的核对 | 1) 核对订单预付款<br>①预付款的组成<br>②预付款的核对<br>2) 核对订单到付资费<br>①到付资费的组成<br>②到付资费的核对 | (1) 方法：讲授法、案例教学法<br>(2) 重点与难点：核对订单到付资费 | 1 |
| | | (2) 异常天气防护 | 1) 异常天气的判断<br>①基本概念<br>②异常天气分类<br>2) 配送物品防护的措施<br>①防护的概念<br>②防护的基本方法<br>③特殊天气防护的基本要求 | (1) 方法：讲授法、案例教学法<br>(2) 重点与难点：配送物品防护的措施 | 1 |
| | 2-2 配送服务 | (1) 款项的结算与收取 | 1) 预付款的收取<br>2) 到付资费的结算 | (1) 方法：讲授法、实训（练习）法<br>(2) 重点与难点：预付款和到付资费的结算与收取 | 1 |
| | | (2) 调配订单的配送 | 1) 调配订单的调配原则<br>2) 调配订单的配送要求 | (1) 方法：讲授法、案例教学法<br>(2) 重点与难点：调配订单的配送要求 | 1 |
| | 2-3 配送后处理 | (1) 无法配送订单的信息收集与上报 | 1) 无法配送订单的信息收集与分类<br>①商家原因导致<br>②客户原因导致<br>③其他原因导致<br>2) 无法配送订单信息上报的流程与方法 | (1) 方法：讲授法、案例教学法<br>(2) 重点与难点：无法配送订单信息上报的流程与方法 | 1 |

续表

| 模块 | 课程 | 学习单元 | 课程内容 | 培训建议 | 课堂学时 |
|---|---|---|---|---|---|
| 2. 订单配送 | 2-3 配送后处理 | (2) 无法配送订单的移交 | 1）商家原因导致无法配送订单的移交<br>2）客户原因导致无法配送订单的移交<br>3）其他原因导致无法配送订单的移交 | (1) 方法：讲授法、案例教学法<br>(2) 重点与难点：无法配送订单的移交 | 1 |
| | | (3) 调配清单的复核 | 1）获取调配清单<br>①获取方法<br>②获取流程<br>2）复核配送信息<br>①复核方法<br>②复核流程 | (1) 方法：讲授法、案例教学法<br>(2) 重点与难点：复核配送信息 | 1 |
| 3. 安全与质量管理 | 3-1 公共安全防护 | (1) 危险防范 | 1）配送过程中危险防范的内容<br>2）配送过程中危险防范的原则 | (1) 方法：讲授法、案例教学法、实训（练习）法<br>(2) 重点与难点：配送过程中危险防范的原则 | 1 |
| | | (2) 防御性驾驶 | 1）防御性驾驶的特点<br>2）防御性驾驶的操作 | (1) 方法：讲授法、案例教学法、实训（练习）法<br>(2) 重点与难点：防御性驾驶的操作 | 1 |
| | 3-2 管理安全防护 | (1) 入网食品安全隐患及问题的发现与上报 | 1）入网食品安全隐患及问题的主要内容<br>2）入网食品安全隐患及问题的上报流程 | (1) 方法：讲授法、案例教学法<br>(2) 重点与难点：入网食品安全隐患及问题的上报流程 | 1 |
| | | (2) 隐私保护 | 1）个人及用户隐私的内容<br>2）个人及用户隐私的保护方法 | (1) 方法：讲授法、案例教学法<br>(2) 重点与难点：个人及用户隐私的保护方法 | 1 |

续表

| 模块 | 课程 | 学习单元 | 课程内容 | 培训建议 | 课堂学时 |
|---|---|---|---|---|---|
| 4. 异常管理 | 4-1 客诉处理 | （1）简单投诉的处理 | 1）延误订单的现场处理<br>①概况<br>②分类<br>③处理方法<br><br>2）物品损毁订单的现场处理<br>①概况<br>②分类<br>③处理方法<br><br>3）物品丢失订单的现场处理<br>①概况<br>②分类<br>③处理方法 | （1）方法：讲授法、案例教学法<br>（2）重点与难点：简单投诉的处理 | 1 |
| | | （2）客诉反馈意见的提交 | 1）客诉反馈意见基本分类<br><br>2）客诉反馈意见提交的基本规则<br><br>3）客诉反馈意见提交的基本办法 | （1）方法：讲授法、案例教学法<br>（2）重点与难点：客诉反馈意见的提交 | 1 |
| | 4-2 异常订单处理 | （1）配送异常处理 | 1）配送异常分类<br>①地址错误<br>②多次递送<br><br>2）配送异常处理原则<br><br>3）配送异常处理流程 | （1）方法：讲授法、案例教学法<br>（2）重点与难点：配送异常处理流程 | 1 |
| | | （2）物品异常处理 | 1）物品异常分类<br>①物品倾洒<br>②物品漏送<br>③物品包装破损<br><br>2）物品异常处理原则<br><br>3）物品异常处理流程 | （1）方法：讲授法、案例教学法<br>（2）重点与难点：物品异常处理流程 | 1 |

续表

| 模块 | 课程 | 学习单元 | 课程内容 | 培训建议 | 课堂学时 |
|---|---|---|---|---|---|
| 4. 异常管理 | 4-2 异常订单处理 | (3) 客户异常处理 | 1) 客户异常分类<br>①客户拒收<br>②客户失联 | (1) 方法：讲授法、案例教学法<br>(2) 重点与难点：客户异常处理原则 | 1 |
| | | | 2) 客户异常处理原则 | | |
| | | | 3) 客户异常处理流程 | | |
| | 4-3 应急处理 | (1) 应急准备 | 1) 应急准备的基本内容<br>①物品存放<br>②配送车辆 | (1) 方法：讲授法、案例教学法<br>(2) 重点与难点：应急准备的基本内容 | 1 |
| | | | 2) 应急准备的基本原则 | | |
| | | (2) 低风险突发事件处理 | 1) 低风险突发事件概况<br>①手机、配送车辆故障<br>②与客户发生冲突<br>③突发疾病 | (1) 方法：讲授法、案例教学法<br>(2) 重点与难点：低风险突发事件处理流程 | 1 |
| | | | 2) 低风险突发事件分类 | | |
| | | | 3) 低风险突发事件处理原则 | | |
| | | | 4) 低风险突发事件处理流程 | | |
| 5. 客户服务与开发 | 5-1 客户服务 | (1) 配送过程界定 | 1) 配送过程时间界定 | (1) 方法：讲授法、案例教学法<br>(2) 重点与难点：配送过程操作流程界定 | 1 |
| | | | 2) 配送过程范围界定 | | |
| | | | 3) 配送过程操作流程界定 | | |
| | | (2) 主动沟通 | 1) 主动沟通的意义 | (1) 方法：讲授法、案例教学法<br>(2) 重点与难点：主动沟通的技巧与方法 | 1 |
| | | | 2) 主动沟通的技巧与方法 | | |
| | | (3) 客户个性化服务需求的满足 | 1) 个性化服务的概念 | (1) 方法：讲授法、案例教学法<br>(2) 重点与难点：满足需求的条件与方法 | 1 |
| | | | 2) 满足需求的条件与方法 | | |

续表

| 模块 | 课程 | 学习单元 | 课程内容 | 培训建议 | 课堂学时 |
|---|---|---|---|---|---|
| 5．客户服务与开发 | 5-2 客户维护 | （1）变更客户基本信息 | 1）客户基本信息的主要内容<br>2）客户基本信息变更的要求与原则<br>3）客户基本信息变更的方法 | （1）方法：讲授法、案例教学法<br>（2）重点与难点：客户基本信息变更的方法 | 1 |
| | | （2）客户关系推送与联络 | 1）网络平台推送基本方法<br>2）网络平台推送基本流程<br>3）客户联络的意义 | （1）方法：讲授法、案例教学法<br>（2）重点与难点：网络平台推送基本流程 | 1 |
| 课堂学时合计 | | | | | 32 |

## 2.2.4 三级/高级职业技能培训课程规范

| 模块 | 课程 | 学习单元 | 课程内容 | 培训建议 | 课堂学时 |
|---|---|---|---|---|---|
| 1．订单接收与验视 | 1-1 接单前准备 | （1）配送车辆协调与维修 | 1）配送车辆协调<br>①协调原则<br>②协调方法<br>2）配送车辆维修<br>①保养方法<br>②维修方法 | （1）方法：讲授法、案例教学法<br>（2）重点与难点：配送车辆维修 | 1 |
| | | （2）排班计划制订与出勤管理 | 1）运力分析<br>2）排班计划制订流程<br>3）出勤情况统计 | （1）方法：讲授法、案例教学法<br>（2）重点与难点：排班计划制订流程 | 1 |
| | 1-2 订单收取 | （1）配送优化 | 1）步骤优化<br>2）时限优化<br>3）路线优化 | （1）方法：讲授法、案例教学法<br>（2）重点与难点：路线优化 | 1 |
| | | （2）特殊物品接收 | 1）特殊物品概述<br>2）特殊物品管理原则<br>3）特殊物品接收流程 | （1）方法：讲授法、案例教学法<br>（2）重点与难点：特殊物品接收流程 | 1 |

续表

| 模块 | 课程 | 学习单元 | 课程内容 | 培训建议 | 课堂学时 |
|---|---|---|---|---|---|
| 1. 订单接收与验视 | 1-3 订单核对 | （1）特殊物品验视 | 1）特殊物品验视要求<br>①药品等医疗用品验视要求<br>②液体验视要求<br>③化学品验视要求<br>④锂电池验视要求<br>⑤易碎品验视要求<br>2）特殊物品验视流程 | （1）方法：讲授法、案例教学法<br>（2）重点与难点：特殊物品验视流程 | 1 |
| | | （2）特殊物品配送建议 | 1）特殊物品配送时效建议<br>2）特殊物品配送包装建议 | （1）方法：讲授法、案例教学法<br>（2）重点与难点：特殊物品配送包装建议 | 1 |
| | 1-4 接单后处理 | （1）特殊物品封装 | 1）特殊物品封装要求<br>①药品等医疗用品封装要求<br>②液体封装要求<br>③化学品封装要求<br>④锂电池封装要求<br>⑤易碎品封装要求<br>2）特殊物品封装流程 | （1）方法：讲授法、案例教学法<br>（2）重点与难点：特殊物品封装流程 | 1 |
| | | （2）多次调度订单的接收与调配 | 1）多次调度订单的接收<br>①接收原则<br>②接收方法<br>③接收流程<br>2）多次调度订单的调配<br>①调配原则<br>②调配方法<br>③调配流程 | （1）方法：讲授法、案例教学法<br>（2）重点与难点：多次调度订单的调配 | 1 |
| 2. 订单配送 | 2-1 配送前准备 | （1）运力核检 | 1）运力核检概述<br>2）运力核检原则<br>3）运力核检方法 | （1）方法：讲授法、案例教学法<br>（2）重点与难点：运力核检方法 | 1 |

续表

| 模块 | 课程 | 学习单元 | 课程内容 | 培训建议 | 课堂学时 |
|---|---|---|---|---|---|
| 2. 订单配送 | 2-1 配送前准备 | （2）人员与车辆调配 | 1）人员调配<br>①人员调配原则<br>②人员调配方法<br>③人员调配流程<br>2）车辆调配<br>①车辆调配原则<br>②车辆调配方法<br>③车辆调配流程 | （1）方法：讲授法、案例教学法<br>（2）重点与难点：人员调配 | 1 |
| 2. 订单配送 | 2-2 配送服务 | （1）配送区域优化 | 1）城市热力图分析<br>2）人员优化<br>3）路线优化 | （1）方法：项目教学法<br>（2）重点与难点：路线优化 | 1 |
| 2. 订单配送 | 2-2 配送服务 | （2）配送订单调配 | 1）配送订单调配原则<br>2）配送订单调配方法<br>3）配送订单调配流程 | （1）方法：项目教学法<br>（2）重点与难点：配送订单调配流程 | 1 |
| 2. 订单配送 | 2-3 配送后处理 | （1）不满意订单的跟踪 | 1）不满意订单的整理<br>2）不满意订单的处理情况汇总分析 | （1）方法：项目教学法<br>（2）重点与难点：不满意订单的处理情况汇总分析 | 1 |
| 2. 订单配送 | 2-3 配送后处理 | （2）投诉、索赔的协助处理 | 1）投诉的协助处理方法<br>2）索赔的协助处理方法 | （1）方法：项目教学法<br>（2）重点与难点：投诉、索赔的协助处理 | 1 |
| 3. 安全与质量管理 | 3-1 公共安全防护 | （1）公共安全事件的处理 | 1）公共安全事件的处理原则<br>2）公共安全事件的处理方法<br>3）公共安全事件的处理流程 | （1）方法：讲授法、案例教学法<br>（2）重点与难点：公共安全事件的处理流程 | 1 |

续表

| 模块 | 课程 | 学习单元 | 课程内容 | 培训建议 | 课堂学时 |
|---|---|---|---|---|---|
| 3. 安全与质量管理 | 3-1 公共安全防护 | （2）配送员心理疏导 | 1）心理健康的重要性<br>2）心理疏导方法<br>3）心理健康问题案例分析 | （1）方法：讲授法、案例教学法<br>（2）重点与难点：心理疏导方法 | 1 |
| | 3-2 管理安全防护 | （1）配送安全会议 | 1）组织会议的流程与方法<br>2）与配送过程安全相关的会议内容设计 | （1）方法：讲授法、案例教学法<br>（2）重点与难点：与配送过程安全相关的会议内容设计 | 1 |
| | | （2）财产安全培训 | 1）组织培训的流程与方法<br>2）与财产安全相关的培训内容 | （1）方法：讲授法、案例教学法<br>（2）重点与难点：与财产安全相关的培训内容 | 1 |
| 4. 异常管理 | 4-1 客诉处理 | （1）保险、保价、资费等投诉的现场处理 | 1）保险、保价投诉<br>①基本概念<br>②基本方法<br>③处理流程<br>2）拒付货款、资费异议的投诉<br>①基本概念<br>②基本方法<br>③处理流程 | （1）方法：讲授法、案例教学法<br>（2）重点与难点：拒付货款、资费异议的投诉 | 1 |
| | | （2）物品丢失订单的现场处理 | 1）物品丢失订单投诉处理的方法<br>2）物品丢失订单投诉处理的流程<br>3）赔偿方案制订 | （1）方法：讲授法、案例教学法<br>（2）重点与难点：赔偿方案制订 | 2 |
| | 4-2 异常订单处理 | （1）订单改派处理 | 1）订单改派概述<br>2）订单改派流程<br>3）订单改派的沟通技巧 | （1）方法：讲授法、案例教学法<br>（2）重点与难点：订单改派的沟通技巧 | 1 |
| | | （2）客户异常处理 | 1）客户异常分类<br>①商家无法提供物品<br>②客户取消订单<br>2）客户异常处理原则<br>3）客户异常处理流程 | （1）方法：讲授法、案例教学法<br>（2）重点与难点：客户异常处理流程 | 1 |

续表

| 模块 | 课程 | 学习单元 | 课程内容 | 培训建议 | 课堂学时 |
|---|---|---|---|---|---|
| 4. 异常管理 | 4-2 异常订单处理 | (3) 平台异常处理 | 1) 平台异常分类<br>①订单超区<br>②价格异常 | (1) 方法：讲授法、案例教学法<br>(2) 重点与难点：平台异常处理流程 | 1 |
| | | | 2) 平台异常处理原则 | | |
| | | | 3) 平台异常处理流程 | | |
| | 4-3 应急处理 | (1) 不能确定安全性物品的处置 | 1) 不能确定安全性物品的处置原则 | (1) 方法：讲授法、案例教学法<br>(2) 重点与难点：不能确定安全性物品的处置流程 | 1 |
| | | | 2) 不能确定安全性物品的处置方法 | | |
| | | | 3) 不能确定安全性物品的处置流程 | | |
| | | (2) 中风险突发事件处理 | 1) 中风险突发事件概况 | (1) 方法：讲授法、案例教学法<br>(2) 重点与难点：中风险突发事件处理流程 | 1 |
| | | | 2) 中风险突发事件分类 | | |
| | | | 3) 中风险突发事件处理原则 | | |
| | | | 4) 中风险突发事件处理流程 | | |
| 5. 客户服务与开发 | 5-1 客户服务 | (1) 服务反馈 | 1) 订单配送变化原因及分类 | (1) 方法：讲授法、项目教学法<br>(2) 重点与难点：订单配送变化处理流程 | 1 |
| | | | 2) 订单配送变化处理流程 | | |
| | | | 3) 服务反馈方法 | | |
| | | (2) 服务质量监督与核验 | 1) 监督与核验的流程 | (1) 方法：讲授法、案例教学法<br>(2) 重点与难点：监督与核验的方法 | 1 |
| | | | 2) 监督与核验的方法 | | |
| | 5-2 客户开发 | (1) 配送服务和产品的推荐 | 1) 配送服务推荐<br>①概述<br>②分类 | (1) 方法：项目教学法<br>(2) 重点与难点：配送产品推荐 | 1 |
| | | | 2) 配送产品推荐<br>①概述<br>②分类 | | |
| | | (2) 客户服务需求信息的收集 | 1) 客户服务需求的内容 | (1) 方法：项目教学法<br>(2) 重点与难点：客户服务需求信息的采集方法 | 1 |
| | | | 2) 客户服务需求的分类 | | |
| | | | 3) 客户服务需求信息的采集方法 | | |

续表

| 模块 | 课程 | 学习单元 | 课程内容 | 培训建议 | 课堂学时 |
|---|---|---|---|---|---|
| 5. 客户服务与开发 | 5-3 客户维护 | （1）客户回访与信息变更 | 1）客户回访的主要内容与方法<br>2）信息变更的方法 | （1）方法：讲授法、项目教学法<br>（2）重点与难点：客户回访的主要内容与方法 | 1 |
| | | （2）优化服务建议 | 1）客户服务需求分析<br>2）优化服务的主要内容<br>3）优化服务的基本流程 | （1）方法：讲授法、项目教学法<br>（2）重点与难点：优化服务的基本流程 | 1 |
| | | （3）客户联络 | 1）网络平台推送的联络流程<br>2）网络平台推送的联络方法 | （1）方法：讲授法、项目教学法<br>（2）重点与难点：网络平台推送的联络流程 | 1 |
| 6. 管理培训 | 6-1 团队组建 | （1）团队组建方案的制订 | 1）运力缺口分析<br>2）团队组建的基本原则<br>3）团队组建的基本方法<br>4）团队组建的方案制订 | （1）方法：项目教学法<br>（2）重点与难点：团队组建的方案制订 | 2 |
| | | （2）人员招聘 | 1）拟订招聘方案<br>2）人员招聘的组织<br>①内容<br>②岗位需求<br>③招聘方法<br>④招聘程序 | （1）方法：项目教学法<br>（2）重点与难点：拟订招聘方案 | 1 |
| | | （3）效率管控方案的制订 | 1）效率管控方案的制订流程<br>2）效率管控方案的制订方法 | （1）方法：讲授法、项目教学法<br>（2）重点与难点：效率管控方案的制订方法 | 1 |
| | 6-2 培训指导 | （1）每日开工前培训 | 1）工作任务分配<br>2）安全教育<br>3）特殊情况通知 | （1）方法：项目教学法<br>（2）重点与难点：安全教育 | 1 |
| | | （2）新入职人员岗前培训 | 1）培训的主要内容<br>2）培训的目标<br>3）培训的方法和流程 | （1）方法：项目教学法<br>（2）重点与难点：培训的方法和流程 | 1 |
| 课堂学时合计 | | | | | 39 |

## 2.2.5 二级/技师职业技能培训课程规范

| 模块 | 课程 | 学习单元 | 课程内容 | 培训建议 | 课堂学时 |
|---|---|---|---|---|---|
| 1. 安全与质量管理 | 1-1 数据整理与分析 | (1) 城市热力图数据整理与分析 | 1) 城市热力图数据概况<br>①概念<br>②内容<br>③价值 | (1) 方法：项目教学法<br>(2) 重点与难点：城市热力图数据整理、分析方法 | 1 |
| | | | 2) 城市热力图数据整理、分析方法 | | |
| | | (2) 订单配送数据图表的制作 | 1) 制图基本方法与技巧 | (1) 方法：项目教学法<br>(2) 重点与难点：制图、制表基本方法 | 1 |
| | | | 2) 制表基本方法与技巧 | | |
| | | (3) 评价信息的整理与分析 | 1) 评价信息的主要内容 | (1) 方法：项目教学法<br>(2) 重点与难点：信息分析的方法 | 1 |
| | | | 2) 信息整理的方法 | | |
| | | | 3) 信息分析的方法 | | |
| | 1-2 质量管理 | (1) 复杂配送方案 | 1) 复杂配送概述<br>①概念<br>②内容 | (1) 方法：项目教学法<br>(2) 重点与难点：复杂配送方案制订 | 2 |
| | | | 2) 复杂配送方案制订<br>①配送方法<br>②配送流程 | | |
| | | (2) 编制质量评价报告 | 1) 配送环节的质量监控<br>①配送环节的组成<br>②监督、检查、调配信息的内容 | (1) 方法：项目教学法<br>(2) 重点与难点：编制质量评价报告 | 2 |
| | | | 2) 编制质量评价报告<br>①质量评价报告的内容<br>②质量评价报告的编制方法 | | |
| 2. 异常管理 | 2-1 客诉处理 | (1) 客诉事件的定期整理与分析 | 1) 客诉事件的整理方法 | (1) 方法：项目教学法<br>(2) 重点与难点：客户投诉心理分析 | 1 |
| | | | 2) 客诉事件的分析方法 | | |
| | | | 3) 客户投诉心理分析 | | |
| | | (2) 复杂投诉问题的界定与处理 | 1) 复杂投诉问题的界定<br>①界定标准<br>②界定流程 | (1) 方法：案例教学法<br>(2) 重点与难点：复杂投诉问题的界定 | 1 |
| | | | 2) 复杂投诉问题的处理<br>①处理流程<br>②处理方法 | | |

续表

| 模块 | 课程 | 学习单元 | 课程内容 | 培训建议 | 课堂学时 |
|---|---|---|---|---|---|
| 2. 异常管理 | 2-2 异常处理 | (1) 运力不足导致的配送异常处理 | 1) 运力不足原因分析<br>2) 运力不足导致配送异常的处理方法<br>3) 运力不足导致配送异常的处理流程 | (1) 方法：项目教学法<br>(2) 重点与难点：运力不足导致配送异常的处理流程 | 1 |
| | | (2) 极端天气导致的配送异常处理 | 1) 极端天气预警机制<br>2) 极端天气的分类<br>3) 极端天气灾害的级别<br>4) 极端天气导致配送异常的处理原则 | (1) 方法：项目教学法<br>(2) 重点与难点：极端天气导致配送异常的处理原则 | 1 |
| | | (3) 紧急事件导致的配送异常处理 | 1) 紧急事件的防范措施<br>2) 紧急事件应急处置方案<br>3) 紧急事件导致配送异常的处理原则 | (1) 方法：项目教学法<br>(2) 重点与难点：紧急事件导致配送异常的处理原则 | 1 |
| | 2-3 应急处理 | (1) 高风险突发事件应急处理 | 1) 高风险突发事件概况<br>2) 高风险突发事件分类<br>3) 高风险突发事件处理原则<br>4) 高风险突发事件处理流程 | (1) 方法：项目教学法<br>(2) 重点：高风险突发事件处理原则<br>(3) 难点：高风险突发事件处理流程 | 2 |
| | | (2) 突发事件处理指导 | 1) 突发事件处理难点概述<br>2) 指导的流程与方法 | (1) 方法：项目教学法<br>(2) 重点与难点：指导的流程与方法 | 1 |
| 3. 客户服务与开发 | 3-1 客户开发 | (1) 营销方案的制订 | 1) 客户服务需求分析<br>2) 营销方案的制订<br>①内容<br>②营销方法 | (1) 方法：项目教学法<br>(2) 重点与难点：营销方案的制订 | 2 |
| | | (2) 潜在客户的识别与挖掘 | 1) 潜在客户的识别<br>①潜在客户的特点<br>②潜在客户的识别方法<br>2) 潜在客户的挖掘方法与流程 | (1) 方法：项目教学法<br>(2) 重点与难点：潜在客户的挖掘方法与流程 | 1 |

续表

| 模块 | 课程 | 学习单元 | 课程内容 | 培训建议 | 课堂学时 |
|---|---|---|---|---|---|
| 3. 客户服务与开发 | 3-2 客户维护 | (1) 客户满意度调查 | 1) 客户满意度调查方法<br>①客户满意度信息收集<br>②客户满意度信息整理<br>2) 制订客户满意度提升方案<br>①客户满意度提升措施<br>②客户满意度提升效果 | (1) 方法：项目教学法<br>(2) 重点与难点：制订客户满意度提升方案 | 1 |
| | | (2) 客户数据库维护 | 1) 客户数据库维护的基本要求<br>2) 客户数据库维护的基本方法 | (1) 方法：项目教学法<br>(2) 重点与难点：客户数据库维护的基本方法 | 1 |
| 4. 管理培训 | 4-1 团队组建 | (1) 绩效考核指标设计 | 1) 绩效考核指标设计理论<br>2) 绩效考核指标设计原则<br>3) 绩效考核指标设计方法 | (1) 方法：项目教学法<br>(2) 重点与难点：绩效考核指标设计理论 | 1 |
| | | (2) 绩效考核办法的完善 | 1) 绩效考核结果分析<br>2) 绩效考核办法完善<br>①存在问题<br>②整改措施<br>3) 编制绩效考核办法说明 | (1) 方法：项目教学法<br>(2) 重点与难点：绩效考核办法的完善 | 1 |
| | 4-2 管理服务 | (1) 日常运营情况的检查与问题解决 | 1) 一般情况的检查与问题解决<br>①检查内容<br>②解决办法<br>2) 异常情况的检查与问题解决<br>①检查内容<br>②解决办法<br>3) 应急情况的检查与问题解决<br>①检查内容<br>②解决办法 | (1) 方法：项目教学法<br>(2) 重点与难点：异常情况、应急情况的检查与问题解决 | 1 |

续表

| 模块 | 课程 | 学习单元 | 课程内容 | 培训建议 | 课堂学时 |
|---|---|---|---|---|---|
| 4. 管理培训 | 4-2 管理服务 | （2）运营效率提升方案的制订 | 1）运营效率的基本概念<br>2）运营效率的提升方法<br>3）运营效率提升方案的编制 | （1）方法：项目教学法<br>（2）重点与难点：运营效率的提升方法 | 2 |
| | 4-3 培训指导 | （1）培训计划的编制 | 1）培训计划的主要内容<br>①培训时间<br>②培训地点<br>③培训对象<br>④培训方式<br>2）培训计划的编制方法 | （1）方法：讲授法、案例教学法<br>（2）重点与难点：培训计划的编制方法 | 1 |
| | | （2）培训教材的编制 | 1）培训教材的主要内容<br>①业务流程<br>②工具使用<br>③操作标准<br>2）培训教材的编制方法<br>3）培训指导基本步骤<br>4）培训对象学情分析 | （1）方法：讲授法、案例教学法<br>（2）重点与难点：培训对象学情分析 | 2 |
| | | （3）职业规范和培训流程的制订 | 1）标准化职业规范制订<br>①制订原则<br>②主要内容<br>2）标准化培训流程设计<br>①设计原则<br>②主要内容 | （1）方法：项目教学法<br>（2）重点与难点：标准化培训流程设计 | 2 |
| | | （4）操作技能培训 | 1）操作技能培训难点<br>2）培训流程与方法 | （1）方法：项目教学法<br>（2）重点与难点：培训流程与方法 | 1 |
| 课堂学时合计 | | | | | 31 |

## 2.2.6 一级/高级技师职业技能培训课程规范

| 模块 | 课程 | 学习单元 | 课程内容 | 培训建议 | 课堂学时 |
|---|---|---|---|---|---|
| 1. 安全与质量管理 | 1-1 数据整理与分析 | (1) 配送业务指标体系 | 1) 配送业务特点及需求分析<br>①配送业务特点<br>②配送业务需求分析<br>2) 配送业务指标体系的设计<br>①配送业务指标体系的构成<br>②配送业务指标体系的设计方法 | (1) 方法：项目教学法<br>(2) 重点与难点：配送业务指标体系的设计 | 2 |
| | | (2) 数据统计分析报表与分析报告 | 1) 制作数据统计分析报表<br>①数据统计分析报表的内容<br>②数据统计分析报表的制作方法<br>2) 撰写数据统计分析报告<br>①数据统计分析报告的内容<br>②数据统计分析报告的撰写方法 | (1) 方法：项目教学法<br>(2) 重点与难点：撰写数据统计分析报告 | 2 |
| | | (3) 区域配送服务的规划 | 1) 区域配送数据的分析<br>2) 区域配送服务的规划方法 | (1) 方法：讲授法、项目教学法<br>(2) 重点与难点：区域配送服务的规划方法 | 1 |
| | 1-2 质量管理 | (1) 资源配置方案 | 1) 资源配置情况分析<br>①人员配置情况<br>②运力配置情况<br>③设备配置情况<br>2) 编制资源配置优化方案<br>①资源配置方案的内容<br>②编制资源配置优化方案的方法 | (1) 方法：项目教学法<br>(2) 重点与难点：编制资源配置优化方案 | 2 |

续表

| 模块 | 课程 | 学习单元 | 课程内容 | 培训建议 | 课堂学时 |
|---|---|---|---|---|---|
| 1. 安全与质量管理 | 1-2 质量管理 | (2) 配送作业流程 | 1) 解读质量评价报告<br>①质量评价报告的内容<br>②质量评价报告的解读方法<br>2) 配送作业流程的优化<br>①配送作业流程优化的内容<br>②配送作业流程优化的方法 | (1) 方法：项目教学法<br>(2) 重点与难点：配送作业流程的优化 | 1 |
| 2. 异常管理 | 2-1 客诉处理 | (1) 舆情风险类投诉问题的处理 | 1) 舆情风险类投诉问题的基本概况<br>2) 舆情风险类投诉问题的处理方法 | (1) 方法：项目教学法、讲授法<br>(2) 重点与难点：舆情风险类投诉问题的处理方法 | 1 |
| | | (2) 客诉事件整改方案 | 1) 客诉事件整理<br>①客诉事件整理的内容<br>②客诉事件整理的方法<br>2) 客诉事件整改方案的撰写<br>①客诉事件整改方案的内容<br>②客诉事件整改方案的撰写方法 | (1) 方法：项目教学法<br>(2) 重点与难点：客诉事件整改方案的撰写 | 1 |
| | | (3) 法律层面客诉问题的配合处理 | 1) 配送相关法律业务概况<br>①配送相关法律业务内容<br>②配送相关法律业务流程<br>2) 客诉问题的配合处理 | (1) 方法：案例教学法<br>(2) 重点与难点：客诉问题的配合处理 | 1 |
| | 2-2 异常处理 | (1) 异常订单的总结与分析 | 1) 异常订单的总结方法<br>2) 异常订单的分析方法 | (1) 方法：讲授法、项目教学法<br>(2) 重点与难点：异常订单的分析方法 | 1 |

续表

| 模块 | 课程 | 学习单元 | 课程内容 | 培训建议 | 课堂学时 |
|---|---|---|---|---|---|
| 2. 异常管理 | 2-2 异常处理 | （2）异常订单处理方案的编制 | 1）异常订单处理方案分类<br>①分类原则<br>②分类方法 | （1）方法：讲授法、项目教学法<br>（2）重点与难点：异常订单处理方案编制 | 2 |
| | | | 2）异常订单处理方案编制<br>①编制内容<br>②编制方法 | | |
| | 2-3 应急处理 | （1）突发事件级别评估与应急处理程序的启动 | 1）突发事件级别评估<br>①评估标准<br>②评估方法 | （1）方法：讲授法、项目教学法<br>（2）重点与难点：突发事件应急处理程序的启动 | 2 |
| | | | 2）突发事件应急处理程序的启动<br>①启动原则<br>②启动流程 | | |
| | | （2）突发事件应急预案的制订 | 1）突发事件应急预案的内容 | （1）方法：案例教学法<br>（2）重点与难点：突发事件应急预案的制订方法 | 1 |
| | | | 2）突发事件应急预案的制订方法 | | |
| | | （3）突发事件处理指导 | 1）突发事件处理指导难点 | （1）方法：案例教学法<br>（2）重点与难点：突发事件处理指导 | 1 |
| | | | 2）指导的流程与方法 | | |
| 3. 客户服务与开发 | 3-1 客户开发 | （1）市场需求变化的跟踪 | 1）市场需求变化情况<br>①市场需求变化特点<br>②市场需求变化规律 | （1）方法：项目教学法<br>（2）重点与难点：根据市场需求变化情况制订营销方案 | 1 |
| | | | 2）根据市场需求变化情况制订营销方案<br>①营销方案的内容<br>②营销方案的制订方法 | | |
| | | （2）营销活动方案 | 1）营销活动方案的设计 | （1）方法：项目教学法<br>（2）重点与难点：营销活动方案的设计 | 1 |
| | | | 2）营销活动的组织与管理 | | |
| | | | 3）营销活动效果的评估 | | |

续表

| 模块 | 课程 | 学习单元 | 课程内容 | 培训建议 | 课堂学时 |
|---|---|---|---|---|---|
| 3. 客户服务与开发 | 3-2 客户维护 | (1) 客户信息动态管理 | 1) 客户信息管理<br>①客户信息管理的内容<br>②客户信息管理的方法<br>③客户信息管理的原则 | (1) 方法：项目教学法<br>(2) 重点与难点：建立客户信息动态调整机制 | 1 |
| | | | 2) 建立客户信息动态调整机制<br>①客户信息动态调整机制的内容<br>②建立客户信息动态调整机制的方法<br>③建立客户信息动态调整机制的原则 | | |
| | | (2) 客户关系维护 | 1) 客户关系维护的内容 | (1) 方法：项目教学法<br>(2) 重点与难点：客户关系维护的方法 | 2 |
| | | | 2) 客户关系维护的方法 | | |
| | | | 3) 客户关系维护的原则 | | |
| 4. 管理培训 | 4-1 管理服务 | (1) 配送业务规章制度的制订 | 1) 配送业务规章制度的基本内容 | (1) 方法：项目教学法<br>(2) 重点与难点：配送业务规章制度制订的基本流程 | 1 |
| | | | 2) 配送业务规章制度制订的基本方法 | | |
| | | | 3) 配送业务规章制度制订的基本流程 | | |
| | | (2) 业务数据及职业发展趋势分析 | 1) 业务数据分析<br>①业务数据分析的内容<br>②业务数据分析的方法 | (1) 方法：项目教学法<br>(2) 重点与难点：职业发展趋势分析 | 2 |
| | | | 2) 职业发展趋势分析<br>①职业发展的概念<br>②职业发展的特点<br>③职业发展趋势分析方法 | | |
| | 4-2 培训指导 | (1) 培训计划、培训教材的审核与修改 | 1) 培训计划、培训教材的审核<br>①审核内容<br>②审核方法 | (1) 方法：项目教学法<br>(2) 重点与难点：培训计划、培训教材的修改 | 1 |
| | | | 2) 培训计划、培训教材的修改<br>①修改内容<br>②修改方法 | | |

续表

| 模块 | 课程 | 学习单元 | 课程内容 | 培训建议 | 课堂学时 |
|---|---|---|---|---|---|
| 4. 管理培训 | 4-2 培训指导 | （2）操作技能培训 | 1）操作难点汇总 | （1）方法：项目教学法 | 1 |
| | | | 2）操作流程与方法 | （2）重点与难点：操作流程与方法 | |
| 课堂学时合计 | | | | | 28 |

## 2.2.7　培训建议中培训方法说明

（1）讲授法

讲授法指教师主要运用语言讲述，系统地向学员传授知识，传播思想理念。即教师通过叙述、描绘、解释、推论来传递信息、传授知识、阐明概念、论证定律和公式，引导学员获取知识、分析和认识问题。

（2）讨论法

讨论法指在教师的指导下，学员以班级或小组为单位，围绕学习单元的内容，对某一专题进行深入探讨，通过讨论或辩论活动，从而获得知识或巩固知识的一种教学方法，要求教师在讨论结束时对讨论的主题做归纳性总结。

（3）实训（练习）法

实训（练习）法指学员在教师的指导下巩固知识、运用知识、形成技能技巧的方法。通过实际操作的练习，旨在形成操作技能。

（4）参观法

参观法指教师组织或指导学员进行实地观察、调查、研究和学习，使学员获得新知识或巩固已学知识的教学方法。参观教学法可细分为准备性参观、并行性参观、总结性参观等。

（5）演示法

演示法指在教学过程中，教师通过示范操作和讲解使学员获得知识、技能的教学方法。教学中，教师对操作内容进行现场演示，边操作边讲解，强调操作的关键步骤和注意事项，使学员边学边做，理论与技能并重，师生互动，提高学员的学习兴趣和学习效率。

（6）案例教学法

案例教学法指通过对案例进行分析，提出问题，分析问题，并找到解决问题的途径和手段，培养学员分析问题、处理问题的能力。

(7) 项目教学法

项目教学法指以实际应用为目的,将理论知识与实际工作相结合,通过师生共同完成一个完整的项目工作,使学员获得知识和实践操作能力与解决实际问题能力的教学方法。其实施以小组为学习单位,步骤一般分为确定项目任务、计划、决策、实施、检查和评价6个步骤。强调学员在学习过程中的主体地位,以学员为中心,以学员学习为主、教师指导为辅,通过完成教学项目,激发学员的学习积极性,使学员既获得相关理论知识,又掌握实践技能和工作方法,提高学员解决实际问题的综合能力。

(8) 角色扮演法

角色扮演法指学员通过不同角色的扮演,体验自身角色的内涵活动和对方角色的心理,充分展现各种角色的"为"和"位"的一种教学方法。

(9) 情景表演法

情景表演法指教师事先准备和布置培训现场,并设定表演情景、对话内容及评估标准,通过学员现场的情景表演活动以及教师对活动效果的及时评估,从而达到预期培训效果的一种教学方法。

(10) 实物示教法

实物示教法指教师通过实物的操作演示或对学员实物操作演示的评价,实现对学员技能操作步骤和要领掌握情况的检查、纠错、修正,并演示正确操作方法的一种教学方法。

(11) 观摩法

观摩法指让学员通过现场观摩、观看视频等形式,学习、获取知识、技能的一种教学方法。

## 2.3 考 核 规 范

### 2.3.1 职业基本素质培训考核规范

| 考核范围 | 考核比重（%） | 考核内容 | 考核比重（%） | 考核单元 |
| --- | --- | --- | --- | --- |
| 1. 职业认知与职业道德 | 20 | 1-1 职业认知 | 6 | 职业认知 |
| | | 1-2 职业道德基本知识 | 8 | 道德与职业道德 |
| | | 1-3 职业守则 | 6 | 职业守则 |

续表

| 考核范围 | 考核比重（%） | 考核内容 | 考核比重（%） | 考核单元 |
|---|---|---|---|---|
| 2. 专业基础知识 | 40 | 2-1 网约配送服务知识 | 3 | (1) 礼仪规范 |
| | | | 3 | (2) 语言规范 |
| | | 2-2 安全和应急处理知识 | 5 | (1) 交通安全知识 |
| | | | 3 | (2) 消防安全知识 |
| | | | 4 | (3) 食品安全知识 |
| | | | 3 | (4) 人身及财产安全知识 |
| | | | 5 | (5) 应急处理知识 |
| | | 2-3 网络配送信息知识 | 2 | (1) 配送信息获取 |
| | | | 2 | (2) 配送信息使用 |
| | | 2-4 网络设施设备知识 | 3 | (1) 设备、工具使用 |
| | | | 3 | (2) 设备、工具保养 |
| | | 2-5 基础道路交通知识 | 4 | 城市路网知识 |
| 3. 职业基础知识 | 30 | 3-1 职业性质 | 3 | (1) 性质与任务 |
| | | | 3 | (2) 方式方法 |
| | | | 4 | (3) 工作流程 |
| | | 3-2 基本素质与行为规范 | 5 | (1) 基本素质 |
| | | | 5 | (2) 行为规范 |
| | | 3-3 权利与义务 | 5 | (1) 职业权利 |
| | | | 5 | (2) 职业义务 |
| 4. 相关法律、法规知识 | 10 | 4-1 相关法律知识 | 5 | 相关法律知识 |
| | | 4-2 相关法规知识 | 5 | 相关法规知识 |

### 2.3.2 五级／初级职业技能培训理论知识考核规范

| 考核范围 | 考核比重（%） | 考核内容 | 考核比重（%） | 考核单元 |
|---|---|---|---|---|
| 1. 订单接收与验视 | 25 | 1-1 接单前准备 | 3 | (1) 设备、工具准备 |
| | | | 3 | (2) 环境准备 |
| | | 1-2 订单接收 | 2 | 网络平台订单接收 |
| | | 1-3 订单核对 | 4 | (1) 订单信息核对 |
| | | | 4 | (2) 订单外包装检查 |
| | | 1-4 接单后处理 | 3 | (1) 补录信息 |
| | | | 2 | (2) 协调开具收据、发票 |
| | | | 2 | (3) 预付款结算及货币真伪的辨别 |
| | | | 2 | (4) 接单后确认 |

续表

| 考核范围 | 考核比重（%） | 考核内容 | | 考核比重（%） | 考核单元 |
|---|---|---|---|---|---|
| 2. 订单配送 | 30 | 2-1 | 配送前准备 | 5 | （1）客户联系的方法与规则 |
| | | | | 3 | （2）地址及物品核对 |
| | | | | 5 | （3）物品分类 |
| | | | | 5 | （4）配送顺序编排 |
| | | 2-2 | 配送服务 | 4 | 配送服务基本流程 |
| | | 2-3 | 配送后处理 | 3 | （1）配送确认 |
| | | | | 5 | （2）配送超时 |
| 3. 安全与质量管理 | 15 | 3-1 | 公共安全防护 | 5 | 公共安全防护 |
| | | 3-2 | 管理安全防护 | 5 | （1）交通事故处理 |
| | | | | 5 | （2）保险事件报案处理 |
| 4. 异常管理 | 20 | 4-1 | 客诉处理 | 3 | （1）投诉、索赔信息记录 |
| | | | | 3 | （2）投诉、索赔信息移交 |
| | | 4-2 | 异常订单处理 | 3 | （1）识别异常订单 |
| | | | | 3 | （2）异常订单上报 |
| | | 4-3 | 应急处理 | 4 | （1）紧急情况判断 |
| | | | | 4 | （2）紧急情况上报 |
| 5. 客户服务与开发 | 10 | 5-1 | 客户服务 | 4 | 线上客户服务 |
| | | 5-2 | 客户维护 | 3 | （1）满足客户基本配送需求 |
| | | | | 3 | （2）服务反馈 |

### 2.3.3 五级／初级职业技能培训操作技能考核规范

| 考核范围 | 考核比重（%） | 考核内容 | | 考核比重（%） | 考核形式 | 选考方式 | 考核时间（分钟） | 重要程度 |
|---|---|---|---|---|---|---|---|---|
| 1. 订单接收与验视 | 30 | 1-1 | 接单前准备 | 5 | 实操 | 必考 | 10 | Z |
| | | 1-2 | 订单接收 | 10 | 实操 | 必考 | | X |
| | | 1-3 | 订单核对 | 10 | 实操 | 必考 | | X |
| | | 1-4 | 接单后处理 | 5 | 实操 | 必考 | | Z |
| 2. 订单配送 | 25 | 2-1 | 配送前准备 | 5 | 实操 | 必考 | 30 | Y |
| | | 2-2 | 配送服务 | 10 | 实操 | 必考 | | X |
| | | 2-3 | 配送后处理 | 10 | 实操 | 必考 | | X |

续表

| 考核范围 | 考核比重（%） | 考核内容 | | 考核比重（%） | 考核形式 | 选考方式 | 考核时间（分钟） | 重要程度 |
|---|---|---|---|---|---|---|---|---|
| 3．安全与质量管理 | 15 | 3-1 | 公共安全防护 | 7 | 实操 | 必考 | 过程考试 | Z |
| | | 3-2 | 管理安全防护 | 8 | 实操 | 必考 | | Z |
| 4．异常管理 | 20 | 4-1 | 客诉处理 | 10 | 实操 | 必考 | 过程考试 | Y |
| | | 4-2 | 异常订单处理 | 5 | 实操 | 必考 | | Z |
| | | 4-3 | 应急处理 | 5 | 实操 | 必考 | | Z |
| 5．客户服务与开发 | 10 | 5-1 | 客户服务 | 5 | 实操 | 必考 | 过程考试 | X |
| | | 5-2 | 客户维护 | 5 | 实操 | 必考 | | Z |

重要程度说明："X"表示核心要素，是鉴定中最重要、出现频率最高的内容，具有必备性、典型性的特点；"Y"表示一般要素，是鉴定中一般重要的内容；"Z"表示辅助要素，是鉴定中重要程度较低的内容。

### 2.3.4 四级/中级职业技能培训理论知识考核规范

| 考核范围 | 考核比重（%） | 考核内容 | 考核比重（%） | 考核单元 |
|---|---|---|---|---|
| 1．订单接收与验视 | 24 | 1-1 接单前准备 | 1 | （1）配送工具安全性检查 |
| | | | 1 | （2）配送工具清洗、消毒 |
| | | | 2 | （3）热力图的识别与使用 |
| | | 1-2 订单收取 | 3 | （1）接单顺序的编排 |
| | | | 3 | （2）调度订单的收取 |
| | | 1-3 订单核对 | 3 | （1）限运品、禁运品识别 |
| | | | 4 | （2）限运品、禁运品配送处理 |
| | | 1-4 接单后处理 | 4 | （1）疑似限运品、禁运品配送处理 |
| | | | 3 | （2）调度订单的交接与核对 |
| 2．订单配送 | 20 | 2-1 配送前准备 | 3 | （1）预付款和到付资费的核对 |
| | | | 4 | （2）异常天气防护 |
| | | 2-2 配送服务 | 1 | （1）款项的结算与收取 |
| | | | 2 | （2）调配订单的配送 |
| | | 2-3 配送后处理 | 4 | （1）无法配送订单的信息收集与上报 |
| | | | 3 | （2）无法配送订单的移交 |
| | | | 3 | （3）调配清单的复核 |

续表

| 考核范围 | 考核比重（%） | 考核内容 | | 考核比重（%） | 考核单元 | |
|---|---|---|---|---|---|---|
| 3．安全与质量管理 | 18 | 3-1 | 公共安全防护 | 5 | (1) | 危险防范 |
| | | | | 5 | (2) | 防御性驾驶 |
| | | 3-2 | 管理安全防护 | 4 | (1) | 入网食品安全隐患及问题的发现与上报 |
| | | | | 4 | (2) | 隐私保护 |
| 4．异常管理 | 22 | 4-1 | 客诉处理 | 2 | (1) | 简单投诉的处理 |
| | | | | 2 | (2) | 客诉反馈意见的提交 |
| | | 4-2 | 异常订单处理 | 4 | (1) | 配送异常处理 |
| | | | | 4 | (2) | 物品异常处理 |
| | | | | 4 | (3) | 客户异常处理 |
| | | 4-3 | 应急处理 | 3 | (1) | 应急准备 |
| | | | | 3 | (2) | 低风险突发事件处理 |
| 5．客户服务与开发 | 16 | 5-1 | 客户服务 | 3 | (1) | 配送过程界定 |
| | | | | 4 | (2) | 主动沟通 |
| | | | | 4 | (3) | 客户个性化服务需求的满足 |
| | | 5-2 | 客户维护 | 3 | (1) | 变更客户基本信息 |
| | | | | 2 | (2) | 客户关系推送与联络 |

## 2.3.5 四级／中级职业技能培训操作技能考核规范

| 考核范围 | 考核比重（%） | 考核内容 | | 考核比重（%） | 考核形式 | 选考方式 | 考核时间（分钟） | 重要程度 |
|---|---|---|---|---|---|---|---|---|
| 1．订单接收与验视 | 24 | 1-1 | 接单前准备 | 5 | 实操 | 必考 | 10 | Z |
| | | 1-2 | 订单收取 | 7 | 实操 | 必考 | | X |
| | | 1-3 | 订单核对 | 7 | 实操 | 必考 | | X |
| | | 1-4 | 接单后处理 | 5 | 实操 | 必考 | | Z |
| 2．订单配送 | 20 | 2-1 | 配送前准备 | 5 | 实操 | 必考 | 30 | Y |
| | | 2-2 | 配送服务 | 10 | 实操 | 必考 | | X |
| | | 2-3 | 配送后处理 | 5 | 实操 | 必考 | | X |
| 3．安全与质量管理 | 18 | 3-1 | 公共安全防护 | 8 | 实操 | 必考 | 过程考试 | Z |
| | | 3-2 | 管理安全防护 | 10 | 实操 | 必考 | | Z |

续表

| 考核范围 | 考核比重（%） | 考核内容 | 考核比重（%） | 考核形式 | 选考方式 | 考核时间（分钟） | 重要程度 |
|---|---|---|---|---|---|---|---|
| 4. 异常管理 | 22 | 4-1 客诉处理 | 10 | 实操 | 必考 | 过程考试 | Y |
| | | 4-2 异常订单处理 | 6 | 实操 | 必考 | | Z |
| | | 4-3 应急处理 | 6 | 实操 | 必考 | | Z |
| 5. 客户服务与开发 | 16 | 5-1 客户服务 | 8 | 实操 | 必考 | 过程考试 | X |
| | | 5-2 客户维护 | 8 | 实操 | 必考 | | Z |

### 2.3.6 三级/高级职业技能培训理论知识考核规范

| 考核范围 | 考核比重（%） | 考核内容 | 考核比重（%） | 考核单元 |
|---|---|---|---|---|
| 1. 订单接收与验视 | 21 | 1-1 接单前准备 | 2 | （1）配送车辆协调与维修 |
| | | | 2 | （2）排班计划制订与出勤管理 |
| | | 1-2 订单收取 | 3 | （1）配送优化 |
| | | | 3 | （2）特殊物品接收 |
| | | 1-3 订单核对 | 3 | （1）特殊物品验视 |
| | | | 3 | （2）特殊物品配送建议 |
| | | 1-4 接单后处理 | 3 | （1）特殊物品封装 |
| | | | 2 | （2）多次调度订单的接收与调配 |
| 2. 订单配送 | 14 | 2-1 配送前准备 | 2 | （1）运力核检 |
| | | | 2 | （2）人员与车辆调配 |
| | | 2-2 配送服务 | 3 | （1）配送区域优化 |
| | | | 2 | （2）配送订单调配 |
| | | 2-3 配送后处理 | 2 | （1）不满意订单的跟踪 |
| | | | 3 | （2）投诉、索赔的协助处理 |
| 3. 安全与质量管理 | 14 | 3-1 公共安全防护 | 4 | （1）公共安全事件的处理 |
| | | | 3 | （2）配送员心理疏导 |
| | | 3-2 管理安全防护 | 4 | （1）配送安全会议 |
| | | | 3 | （2）财产安全培训 |

续表

| 考核范围 | 考核比重（%） | 考核内容 | 考核比重（%） | 考核单元 |
|---|---|---|---|---|
| 4. 异常管理 | 19 | 4-1 客诉处理 | 2 | (1) 保险、保价、资费等投诉的现场处理 |
| | | | 2 | (2) 物品丢失订单的现场处理 |
| | | 4-2 异常订单处理 | 3 | (1) 订单改派处理 |
| | | | 2 | (2) 客户异常处理 |
| | | | 2 | (3) 平台异常处理 |
| | | 4-3 应急处理 | 4 | (1) 不能确定安全性物品的处置 |
| | | | 4 | (2) 中风险突发事件处理 |
| 5. 客户服务与开发 | 14 | 5-1 客户服务 | 1 | (1) 服务反馈 |
| | | | 1 | (2) 服务质量监督与核验 |
| | | 5-2 客户开发 | 2 | (1) 配送服务和产品的推荐 |
| | | | 3 | (2) 客户服务需求信息的收集 |
| | | 5-3 客户维护 | 2 | (1) 客户回访与信息变更 |
| | | | 3 | (2) 优化服务建议 |
| | | | 2 | (3) 客户联络 |
| 6. 管理培训 | 18 | 6-1 团队组建 | 3 | (1) 团队组建方案的制订 |
| | | | 3 | (2) 人员招聘 |
| | | | 2 | (3) 效率管控方案的制订 |
| | | 6-2 培训指导 | 5 | (1) 每日开工前培训 |
| | | | 5 | (2) 新入职人员岗前培训 |

### 2.3.7 三级／高级职业技能培训操作技能考核规范

| 考核范围 | 考核比重（%） | 考核内容 | 考核比重（%） | 考核形式 | 选考方式 | 考核时间（分钟） | 重要程度 |
|---|---|---|---|---|---|---|---|
| 1. 订单接收与验视 | 21 | 1-1 接单前准备 | 5 | 实操 | 必考 | 10 | Z |
| | | 1-2 订单收取 | 5 | 实操 | 必考 | | X |
| | | 1-3 订单核对 | 5 | 实操 | 必考 | | X |
| | | 1-4 接单后处理 | 6 | 实操 | 必考 | | Z |

续表

| 考核范围 | 考核比重（%） | 考核内容 | 考核比重（%） | 考核形式 | 选考方式 | 考核时间（分钟） | 重要程度 |
|---|---|---|---|---|---|---|---|
| 2．订单配送 | 14 | 2-1 配送前准备 | 5 | 实操 | 必考 | 30 | Y |
| | | 2-2 配送服务 | 5 | 实操 | 必考 | | X |
| | | 2-3 配送后处理 | 4 | 实操 | 必考 | | X |
| 3．安全与质量管理 | 14 | 3-1 公共安全防护 | 6 | 实操 | 必考 | 过程考试 | Z |
| | | 3-2 管理安全防护 | 8 | 实操 | 必考 | | Z |
| 4．异常管理 | 19 | 4-1 客诉处理 | 9 | 实操 | 必考 | 过程考试 | Y |
| | | 4-2 异常订单处理 | 5 | 实操 | 必考 | | Z |
| | | 4-3 应急处理 | 5 | 实操 | 必考 | | Z |
| 5．客户服务与开发 | 14 | 5-1 客户服务 | 5 | 实操 | 必考 | 过程考试 | X |
| | | 5-2 客户开发 | 5 | 实操 | 必考 | | Z |
| | | 5-3 客户维护 | 4 | 实操 | 必考 | | Y |
| 6．管理培训 | 18 | 6-1 团队组建 | 10 | 实操 | 必考 | 过程考试 | X |
| | | 6-2 培训指导 | 8 | 实操 | 必考 | | Y |

## 2.3.8　二级／技师职业技能培训理论知识考核规范

| 考核范围 | 考核比重（%） | 考核内容 | 考核比重（%） | 考核单元 |
|---|---|---|---|---|
| 1．安全与质量管理 | 20 | 1-1 数据整理与分析 | 3 | （1）城市热力图数据整理与分析 |
| | | | 3 | （2）订单配送数据图表的制作 |
| | | | 4 | （3）评价信息的整理与分析 |
| | | 1-2 质量管理 | 5 | （1）复杂配送方案 |
| | | | 5 | （2）编制质量评价报告 |

续表

| 考核范围 | 考核比重（%） | 考核内容 | 考核比重（%） | 考核单元 |
|---|---|---|---|---|
| 2. 异常管理 | 19 | 2-1 客诉处理 | 3 | （1）客诉事件的定期整理与分析 |
| | | | 2 | （2）复杂投诉问题的界定与处理 |
| | | 2-2 异常处理 | 3 | （1）运力不足导致的配送异常处理 |
| | | | 3 | （2）极端天气导致的配送异常处理 |
| | | | 3 | （3）紧急事件导致的配送异常处理 |
| | | 2-3 应急处理 | 3 | （1）高风险突发事件应急处理 |
| | | | 2 | （2）突发事件处理指导 |
| 3. 客户服务与开发 | 20 | 3-1 客户开发 | 5 | （1）营销方案的制订 |
| | | | 5 | （2）潜在客户的识别与挖掘 |
| | | 3-2 客户维护 | 4 | （1）客户满意度调查 |
| | | | 6 | （2）客户数据库维护 |
| 4. 管理培训 | 41 | 4-1 团队组建 | 5 | （1）绩效考核指标设计 |
| | | | 5 | （2）绩效考核办法的完善 |
| | | 4-2 管理服务 | 6 | （1）日常运营情况的检查与问题解决 |
| | | | 6 | （2）运营效率提升方案的制订 |
| | | 4-3 培训指导 | 7 | （1）培训计划的编制 |
| | | | 7 | （2）培训教材的编制 |
| | | | 3 | （3）职业规范和培训流程的制订 |
| | | | 2 | （4）操作技能培训 |

## 2.3.9 二级/技师职业技能培训操作技能考核规范

| 考核范围 | 考核比重（%） | 考核内容 | 考核比重（%） | 考核形式 | 选考方式 | 考核时间（分钟） | 重要程度 |
|---|---|---|---|---|---|---|---|
| 1. 安全与质量管理 | 20 | 1-1 数据整理与分析 | 10 | 实操 | 必考 | 过程考试 | Z |
| | | 1-2 质量管理 | 10 | 实操 | 必考 | | Z |
| 2. 异常管理 | 20 | 2-1 客诉处理 | 8 | 实操 | 必考 | 过程考试 | Y |
| | | 2-2 异常处理 | 6 | 实操 | 必考 | | Z |
| | | 2-3 应急处理 | 6 | 实操 | 必考 | | Z |
| 3. 客户服务与开发 | 20 | 3-1 客户开发 | 10 | 实操 | 必考 | 过程考试 | X |
| | | 3-2 客户维护 | 10 | 实操 | 必考 | | Y |
| 4. 管理培训 | 40 | 4-1 团队组建 | 15 | 实操 | 必考 | 过程考试 | X |
| | | 4-2 管理服务 | 15 | 实操 | 必考 | | X |
| | | 4-3 培训指导 | 10 | 实操 | 必考 | | Y |

## 2.3.10 一级/高级技师职业技能培训理论知识考核规范

| 考核范围 | 考核比重（%） | 考核内容 | 考核比重（%） | 考核单元 |
|---|---|---|---|---|
| 1. 安全与质量管理 | 26 | 1-1 数据整理与分析 | 5 | （1）配送业务指标体系 |
| | | | 5 | （2）数据统计分析报表与分析报告 |
| | | | 3 | （3）区域配送服务的规划 |
| | | 1-2 质量管理 | 7 | （1）资源配置方案 |
| | | | 6 | （2）配送作业流程 |

续表

| 考核范围 | 考核比重（%） | 考核内容 | 考核比重（%） | 考核单元 |
|---|---|---|---|---|
| 2. 异常管理 | 34 | 2-1 客诉处理 | 4 | （1）舆情风险类投诉问题的处理 |
| | | | 3 | （2）客诉事件整改方案 |
| | | | 4 | （3）法律层面客诉问题的配合处理 |
| | | 2-2 异常处理 | 5 | （1）异常订单的总结与分析 |
| | | | 5 | （2）异常订单处理方案的编制 |
| | | 2-3 应急处理 | 4 | （1）突发事件级别评估与应急处理程序的启动 |
| | | | 5 | （2）突发事件应急预案的制订 |
| | | | 4 | （3）突发事件处理指导 |
| 3. 客户服务与开发 | 23 | 3-1 客户开发 | 4 | （1）市场需求变化的跟踪 |
| | | | 6 | （2）营销活动方案 |
| | | 3-2 客户维护 | 7 | （1）客户信息动态管理 |
| | | | 6 | （2）客户关系维护 |
| 4. 管理培训 | 17 | 4-1 管理服务 | 4 | （1）配送业务规章制度的制订 |
| | | | 5 | （2）业务数据及职业发展趋势分析 |
| | | 4-2 培训指导 | 5 | （1）培训计划、培训教材的审核与修改 |
| | | | 3 | （2）操作技能培训 |

## 2.3.11 一级/高级技师职业技能培训操作技能考核规范

| 考核范围 | 考核比重（%） | 考核内容 | 考核比重（%） | 考核形式 | 选考方式 | 考核时间（分钟） | 重要程度 |
|---|---|---|---|---|---|---|---|
| 1. 安全与质量管理 | 25 | 1-1 数据整理与分析 | 10 | 实操 | 必考 | 过程考试 | Z |
| | | 1-2 质量管理 | 15 | 实操 | 必考 | | Z |
| 2. 异常管理 | 35 | 2-1 客诉处理 | 10 | 实操 | 必考 | 过程考试 | Y |
| | | 2-2 异常处理 | 10 | 实操 | 必考 | | Z |
| | | 2-3 应急处理 | 15 | 实操 | 必考 | | Z |
| 3. 客户服务与开发 | 20 | 3-1 客户开发 | 10 | 实操 | 必考 | 过程考试 | X |
| | | 3-2 客户维护 | 10 | 实操 | 必考 | | Y |
| 4. 管理培训 | 20 | 4-1 管理服务 | 10 | 实操 | 必考 | 过程考试 | X |
| | | 4-2 培训指导 | 10 | 实操 | 必考 | | X |

# 附录

培训要求与课程规范对照表

# 附录

## 附录1 职业基本素质培训要求与课程规范对照表

| 2.1.1 职业基本素质培训要求 ||| 2.2.1 职业基本素质培训课程规范 ||||
|---|---|---|---|---|---|---|
| 职业基本素质模块（模块） | 培训内容（课程） | 培训细目 | 学习单元 | 课程内容 | 培训建议 | 课堂学时 |
| 1. 职业认知与职业道德 | 1-1 职业认知 | （1）网约配送员简介<br>（2）网约配送员的工作内容 | 职业认知 | 1）配送行业认知<br>①配送的定义<br>②配送的特点<br>2）网约配送员职业能力<br>3）网约配送员职业发展 | （1）方法：讲授法<br>（2）重点与难点：网约配送员职业能力 | 1 |
| | 1-2 职业道德基本知识 | （1）"四德"建设的主要内容<br>（2）社会主义核心价值观<br>（3）职业道德修养<br>（4）网约配送员职业道德规范 | 道德与职业道德 | 1）道德<br>①道德的含义<br>②维护道德的依据<br>③公民道德规范<br>④社会主义核心价值观<br>2）职业道德<br>①职业道德的概念<br>②各行业共同的道德内容<br>③服务态度、服务质量、职业道德三者的关系<br>④加强职业道德修养<br>3）网约配送员的职业道德规范<br>①形象规范<br>②态度规范<br>③联系规范<br>④道德规范 | （1）方法：讲授法、案例教学法<br>（2）重点与难点：网约配送员的职业道德规范 | 1 |
| | 1-3 职业守则 | 网约配送员职业守则 | 职业守则 | 1）遵纪守法，服务社会<br>2）着装整洁，礼貌文明<br>3）团结协作，勤奋务实<br>4）保守秘密，确保安全 | （1）方法：讲授法、案例教学法<br>（2）重点与难点：职业守则 | 1 |
| 2. 专业基础知识 | 2-1 网约配送服务知识 | （1）礼仪规范 | （1）礼仪规范 | 1）仪表的重要性<br>2）整体形象展示<br>3）仪容仪表要求<br>①头发要求<br>②面目要求<br>③身体手部要求<br>④衣着要求<br>⑤饰品要求 | （1）方法：讲授法、讨论法<br>（2）重点与难点：仪容仪表要求 | 1 |

续表

| 2.1.1 职业基本素质培训要求 ||| 2.2.1 职业基本素质培训课程规范 ||||
|---|---|---|---|---|---|---|
| 职业基本素质模块（模块） | 培训内容（课程） | 培训细目 | 学习单元 | 课程内容 | 培训建议 | 课堂学时 |
| 2. 专业基础知识 | 2-1 网约配送服务知识 | (2) 语言规范 | (2) 语言规范 | 1) 文明用语<br>2) 沟通话术<br>①沟通技巧与方法<br>②沟通术语 | (1) 方法：讲授法、讨论法<br>(2) 重点与难点：文明用语 | 1 |
| | 2-2 安全和应急处理知识 | (1) 公共安全知识<br>(2) 应急处理知识 | (1) 交通安全知识 | 1) 交通法规常识<br>2) 安全行驶规定<br>3) 驾驶陋习 | (1) 方法：讲授法、讨论法、案例教学法<br>(2) 重点与难点：安全行驶规定 | 1 |
| | | | (2) 消防安全知识 | 1) 消防事故警示<br>2) 消防法律知识<br>3) 消防相关行政法规知识<br>4) 消防地方法规知识<br>5) 消防技术标准 | (1) 方法：讲授法、讨论法、案例教学法<br>(2) 重点与难点：消防相关行政法规知识 | 1 |
| | | | (3) 食品安全知识 | 1) 食品安全与风险防范<br>2) 食品污染 | (1) 方法：讲授法、讨论法、案例教学法<br>(2) 重点与难点：食品安全与风险防范 | 1 |
| | | | (4) 人身及财产安全知识 | 1) 配送行业安全防护知识<br>2) 人身及财产安全知识 | (1) 方法：讲授法、讨论法、案例教学法<br>(2) 重点与难点：配送行业安全防护知识 | 1 |
| | | | (5) 应急处理知识 | 1) 常见突发事件<br>2) 应急处理原则 | (1) 方法：讲授法、讨论法、案例教学法<br>(2) 重点与难点：应急处理原则 | 1 |
| | 2-3 网络配送信息知识 | (1) 配送信息获取<br>(2) 配送信息使用 | (1) 配送信息获取 | 1) 信息获取途径<br>2) 信息获取方法 | (1) 方法：讲授法<br>(2) 重点与难点：信息获取方法 | 1 |
| | | | (2) 配送信息使用 | 1) 信息使用范围<br>2) 信息使用方法 | (1) 方法：讲授法<br>(2) 重点与难点：信息使用方法 | 1 |

续表

| 2.1.1 职业基本素质培训要求 ||| 2.2.1 职业基本素质培训课程规范 ||||
|---|---|---|---|---|---|---|
| 职业基本素质模块（模块） | 培训内容（课程） | 培训细目 | 学习单元 | 课程内容 | 培训建议 | 课堂学时 |
| 2. 专业基础知识 | 2-4 网络设施设备知识 | (1) 设备的安全使用与保养<br>(2) 工具的安全使用与保养 | (1) 设备、工具使用 | 1) 电动车的使用<br>2) 配送箱的使用<br>3) 手机与系统的使用 | (1) 方法：讲授法、讨论法<br>(2) 重点与难点：设备、工具的使用 | 1 |
| | | | (2) 设备、工具保养 | 1) 电动车的维护保养<br>2) 配送箱的维护保养<br>3) 手机与系统的维护保养 | (1) 方法：讲授法、讨论法<br>(2) 重点与难点：设备、工具的保养 | 1 |
| | 2-5 基础道路交通知识 | (1) 城市布局<br>(2) 区域交通知识 | 城市路网知识 | 1) 路网概况<br>①车流量<br>②人流量<br>2) 配送区域划分 | (1) 方法：讲授法、讨论法、案例教学法<br>(2) 重点与难点：路网概况 | 1 |
| 3. 职业基础知识 | 3-1 职业性质 | (1) 性质与任务<br>(2) 方式方法<br>(3) 工作流程 | (1) 性质与任务 | 1) 职业性质<br>2) 职业任务 | (1) 方法：讲授法、讨论法<br>(2) 重点与难点：职业任务 | 1 |
| | | | (2) 方式方法 | 1) 职业开展的主要方式<br>①全职<br>②兼职<br>2) 职业开展的其他方式 | (1) 方法：讲授法、讨论法<br>(2) 重点与难点：职业开展的主要方式 | 1 |
| | | | (3) 工作流程 | 1) 环节<br>2) 步骤<br>3) 程序 | (1) 方法：讲授法、讨论法<br>(2) 重点与难点：程序 | 1 |
| | 3-2 基本素质与行为规范 | (1) 基本素质<br>(2) 行为规范 | (1) 基本素质 | 1) 身体素质<br>2) 心理素质<br>3) 思想素质 | (1) 方法：讲授法、讨论法、案例教学法<br>(2) 重点与难点：思想素质、心理素质 | 1 |
| | | | (2) 行为规范 | 1) 行为规范的主要内容<br>①规则<br>②标准<br>2) 行为规范的法律依据 | (1) 方法：讲授法、讨论法、案例教学法<br>(2) 重点与难点：行为规范的主要内容 | 1 |

续表

| 2.1.1 职业基本素质培训要求 ||| 2.2.1 职业基本素质培训课程规范 ||||
|---|---|---|---|---|---|---|
| 职业基本素质模块（模块） | 培训内容（课程） | 培训细目 | 学习单元 | 课程内容 | 培训建议 | 课堂学时 |
| 3. 职业基础知识 | 3-3 权利与义务 | (1) 职业权利<br>(2) 职业义务 | (1) 职业权利 | 1) 权利的主要内容 | (1) 方法：讲授法、讨论法、案例教学法<br>(2) 重点与难点：权利的维护 | 1 |
| | | | | 2) 权利的维护 | | |
| | | | (2) 职业义务 | 1) 义务的主要内容 | (1) 方法：讲授法、讨论法、案例教学法<br>(2) 重点与难点：社会责任 | 1 |
| | | | | 2) 社会责任 | | |
| 4. 相关法律、法规知识 | 4-1 相关法律知识 | (1)《中华人民共和国劳动法》相关知识<br>(2)《中华人民共和国道路交通安全法》相关知识<br>(3)《中华人民共和国劳动合同法》相关知识<br>(4)《中华人民共和国食品安全法》相关知识<br>(5)《中华人民共和国消防法》相关知识<br>(6)《中华人民共和国突发事件应对法》相关知识<br>(7)《中华人民共和国消费者权益保护法》相关知识 | 相关法律知识 | 1)《中华人民共和国劳动法》相关知识 | (1) 方法：讲授法、案例教学法<br>(2) 重点与难点：《中华人民共和国劳动法》相关知识 | 1 |
| | | | | 2)《中华人民共和国道路交通安全法》相关知识 | | |
| | | | | 3)《中华人民共和国劳动合同法》相关知识 | | |
| | | | | 4)《中华人民共和国食品安全法》相关知识 | | |
| | | | | 5)《中华人民共和国消防法》相关知识 | | |
| | | | | 6)《中华人民共和国突发事件应对法》相关知识 | | |
| | | | | 7)《中华人民共和国消费者权益保护法》相关知识 | | |
| | 4-2 相关法规知识 | (1)《网络餐饮服务食品安全监督管理办法》相关知识<br>(2)《国家邮政局 公安部 国家安全部发布〈禁止寄递物品管理规定〉通告》相关知识 | 相关法规知识 | 1)《网络餐饮服务食品安全监督管理办法》相关知识 | (1) 方法：讲授法、案例教学法<br>(2) 重点与难点：《网络餐饮服务食品安全监督管理办法》相关知识 | 1 |
| | | | | 2)《国家邮政局 公安部 国家安全部发布〈禁止寄递物品管理规定〉通告》相关知识 | | |
| 课堂学时合计 |||||| 24 |

## 附录2　五级/初级职业技能培训要求与课程规范对照表

| 2.1.2 五级/初级职业技能培训要求 | | | | 2.2.2 五级/初级职业技能培训课程规范 | | | |
|---|---|---|---|---|---|---|---|
| 职业功能模块（模块） | 培训内容（课程） | 技能目标 | 培训细目 | 学习单元 | 课程内容 | 培训建议 | 课堂学时 |
| 1.订单接收与验视 | 1-1 接单前准备 | 1-1-1 能配戴和使用手机、充电宝，并保证手机、充电宝的电量（及流量）充足 | (1) 正确配戴和使用手机、充电宝<br>(2) 确保配送车辆、手机、充电宝电量充足 | (1) 设备、工具准备 | 1) 配送车辆、手机、充电宝等的检查 | (1) 方法：讲授法、实训（练习）法<br>(2) 重点与难点：设备、工具安全检查 | 1 |
| | | | | | 2) 设备、工具安全检查 | | |
| | | 1-1-2 能保持配送车辆外观整洁，配送箱内外清洁、无破损 | (1) 配送车辆卫生检查与准备<br>(2) 配送箱卫生检查与准备 | | 3) 配送箱卫生检查 | | |
| | | 1-1-3 能保持仪容仪表整洁 | 仪容仪表整洁 | | | | |
| | | 1-1-4 能根据地图辨认商圈内主要街道及建筑物 | (1) 配送区域内道路情况<br>(2) 配送区域内学校、写字楼、医院、酒店、社区等建筑物相关情况 | (2) 环境准备 | 电子地图的应用<br>①配送区域内主要道路分布<br>②配送区域内主要建筑物分布 | (1) 方法：讲授法、实训（练习）法<br>(2) 重点与难点：电子地图的应用 | 1 |
| | 1-2 订单接收 | 1-2-1 能在规定时间内接收网络平台推送的订单 | (1) 及时查看推送订单<br>(2) 遵守平台接单时间 | 网络平台订单接收 | 1) 网络平台订单接收时限要求 | (1) 方法：讲授法、演示法<br>(2) 重点与难点：网络平台订单接收方法 | 1 |
| | | 1-2-2 能按照网络平台提供的定位、路径规划，在约定时间内到达订单收取地点并上报网络平台 | (1) 按照网络平台提供的定位、路径规划估算取单时间<br>(2) 按照网络平台提供的路径规划到达订单收取地点 | | 2) 取单时间估算 | | |
| | | | | | 3) 网络平台订单接收方法 | | |
| | | | | | 4) 网络平台订单接收注意事项 | | |

续表

| 2.1.2 五级／初级职业技能培训要求 | | | | 2.2.2 五级／初级职业技能培训课程规范 | | | |
|---|---|---|---|---|---|---|---|
| 职业功能模块（模块） | 培训内容（课程） | 技能目标 | 培训细目 | 学习单元 | 课程内容 | 培训建议 | 课堂学时 |
| 1. 订单接收与验视 | 1-3 订单核对 | 1-3-1 能准确核对订单号码及物品，确认物品数量 | (1) 核实物品数量 (2) 核实附件（如餐具等）(3) 核实订单金额 (4) 核实订单号和手机显示的订单是否一致 | (1) 订单信息核对 | 1) 订单核对要点 ①订单号 ②数量 ③金额 | (1) 方法：讲授法、实训（练习）法 (2) 重点与难点：订单核对的方法 | 1 |
| | | | | | 2) 订单核对的方法 | | |
| | | 1-3-2 能检查订单外包装情况，确保包装完整 | (1) 检查订单外包装是否完整 (2) 识别包装不符合要求或破损的订单 | (2) 订单外包装检查 | 1) 验视方法与规则 | (1) 方法：讲授法、实训（练习）法 (2) 重点与难点：验视方法与规则 | 1 |
| | | | | | 2) 食品的包装要求 | | |
| | 1-4 接单后处理 | 1-4-1 能及时补录订单信息 | (1) 及时联系商家、客户、平台 (2) 补录订单基本信息 | (1) 补录信息 | 1) 信息的确认 | (1) 方法：讲授法、实训（练习）法 (2) 重点与难点：补录方法 | 1 |
| | | | | | 2) 补录流程 | | |
| | | | | | 3) 补录方法 | | |
| | | 1-4-2 能协调开具收据或发票 | (1) 协调开具收据 (2) 协调开具发票 | (2) 协调开具收据、发票 | 1) 开票所需信息 | (1) 方法：讲授法、实训（练习）法 (2) 重点与难点：开票基本流程 | 1 |
| | | | | | 2) 开票基本流程 | | |
| | | 1-4-3 能与商户结清预付款 | (1) 计算预付款 (2) 识别假币 | (3) 预付款结算及货币真伪的辨别 | 1) 预付款的构成 | (1) 方法：讲授法、演示法 (2) 重点与难点：预付款结算方法 | 1 |
| | | | | | 2) 预付款结算方法 | | |
| | | | | | 3) 假币的识别 ①假币的特点 ②假币的识别方法 | | |
| | | 1-4-4 能对确认无误的物品进行接单并即刻上报网络平台 | (1) 确认订单 (2) 上报网络平台 | (4) 接单后确认 | 1) 订单的确认 | (1) 方法：讲授法、演示法 (2) 重点与难点：订单的确认 | 1 |
| | | | | | 2) 订单的上报流程 | | |
| | | | | | 3) 订单的上报方法 | | |

续表

| 2.1.2 五级/初级职业技能培训要求 | | | | 2.2.2 五级/初级职业技能培训课程规范 | | | |
|---|---|---|---|---|---|---|---|
| 职业功能模块（模块） | 培训内容（课程） | 技能目标 | 培训细目 | 学习单元 | 课程内容 | 培训建议 | 课堂学时 |
| 2. 订单配送 | 2-1 配送前准备 | 2-1-1 能及时与客户取得联系，确认订单内容与地址 | (1) 联系客户 (2) 确认订单内容与地址 | (1) 客户联系的方法与规则 | 1) 客户联系的方法 2) 客户联系的规则 | (1) 方法：讲授法、演示法 (2) 重点与难点：客户联系的规则 | 1 |
| | | | | (2) 地址及物品核对 | 1) 核对的流程 2) 核对的规则 | (1) 方法：讲授法、演示法 (2) 重点与难点：核对的规则 | 1 |
| | | 2-1-2 能按照类别分类存放物品 | (1) 分类整理物品 (2) 分类存放物品 | (3) 物品分类 | 1) 物品分类的原则 2) 物品分类的方法 | (1) 方法：讲授法、演示法 (2) 重点与难点：物品分类的方法 | 1 |
| | | 2-1-3 能按照接单顺序、物品特性和配送距离编排配送顺序 | 合理规划、编排配送顺序 | (4) 配送顺序编排 | 1) 配送排序原则 2) 配送排序的基本方法 | (1) 方法：讲授法、演示法 (2) 重点与难点：配送排序的基本方法 | 1 |
| | 2-2 配送服务 | 2-2-1 能在规定时间内将配送物品送达客户指定地点 | (1) 在规定时间内完成配送 (2) 将物品送达客户指定地点 | 配送服务基本流程 | 1) 配送的时间要求 | (1) 方法：讲授法、实训（练习）法 (2) 重点与难点：订单交付 | 1 |
| | | 2-2-2 能提示客户验视和签收配送物品 | (1) 提示客户验视配送物品 (2) 提示客户签收配送物品 | | 2) 订单交付 ①物品送达 ②客户验视与签收 | | |
| | | 2-2-3 能向客户提供配送清单、发票等支付凭证 | (1) 提供配送清单 (2) 提供发票等支付凭证 | | 3) 凭证交付 ①配送清单 ②收据及发票 | | |
| | | 2-2-4 能在配送途中确保物品包装完整 | 确保物品包装完整 | | 4) 保持物品包装完整的相关要求 | | |
| | 2-3 配送后处理 | 2-3-1 能在客户确认配送无误后，在规定时间内上报网络平台 | (1) 确定客户验视完毕 (2) 将客户确认信息上报网络平台 | (1) 配送确认 | 1) 确认配送任务完成 2) 配送完成的上报流程与方法 | (1) 方法：讲授法、实训（练习）法 (2) 重点与难点：配送完成的上报流程与方法 | 1 |

续表

| 2.1.2 五级/初级职业技能培训要求 | | | | 2.2.2 五级/初级职业技能培训课程规范 | | | |
|---|---|---|---|---|---|---|---|
| 职业功能模块（模块） | 培训内容（课程） | 技能目标 | 培训细目 | 学习单元 | 课程内容 | 培训建议 | 课堂学时 |
| 2. 订单配送 | 2-3 配送后处理 | 2-3-2 能将超时订单赔付情况上报网络平台 | (1) 处理超时订单信息<br>(2) 将超时订单赔付情况上报网络平台 | (2) 配送超时 | 1) 超时赔付的处理流程 | (1) 方法：讲授法、实训（练习）法<br>(2) 重点与难点：超时赔付的上报流程与方法 | 1 |
| | | | | | 2) 超时赔付的上报流程与方法 | | |
| 3. 安全与质量管理 | 3-1 公共安全防护 | 3-1-1 能按照公共卫生防控要求做好个人卫生管理及安全防护 | (1) 遵守公共场所规定<br>(2) 遵守疫情防控规定 | 公共安全防护 | 1) 进入公共场所基本要求<br>①确认健康码<br>②测量体温 | (1) 方法：讲授法、实训（练习）法<br>(2) 重点与难点：货款防护要求 | 1 |
| | | | | | 2) 疫情防控要求<br>①正确佩戴口罩<br>②正确洗手消毒 | | |
| | | 3-1-2 能确保订单货款安全 | (1) 防范货款被窃<br>(2) 防范货款遗失 | | 3) 货款防护要求<br>①被窃与遗失的常见情况<br>②防护的基本方法 | | |
| | 3-2 管理安全防护 | 3-2-1 能通过网络平台完成交通事故处理流程 | (1) 交通事故处理流程<br>(2) 将交通事故处理信息上报网络平台 | (1) 交通事故处理 | 1) 交通事故处理流程<br>①操作要点<br>②注意事项 | (1) 方法：讲授法、实训（练习）法<br>(2) 重点与难点：交通事故处理流程 | 1 |
| | | | | | 2) 交通事故上报操作说明<br>①操作要点<br>②注意事项<br>③操作流程图 | | |
| | | 3-2-2 能通过网络平台完成保险报案处理流程 | (1) 保险报案处理流程<br>(2) 将保险报案信息上报网络平台 | (2) 保险事件报案处理 | 1) 保险事件处理流程<br>①操作要点<br>②注意事项 | (1) 方法：讲授法、实训（练习）法<br>(2) 重点与难点：保险事件处理流程 | 1 |
| | | | | | 2) 保险事件上报操作说明<br>①操作要点<br>②注意事项<br>③操作流程图 | | |

## 附录

续表

| 2.1.2 五级/初级职业技能培训要求 | | | | 2.2.2 五级/初级职业技能培训课程规范 | | | |
|---|---|---|---|---|---|---|---|
| 职业功能模块（模块） | 培训内容（课程） | 技能目标 | 培训细目 | 学习单元 | 课程内容 | 培训建议 | 课堂学时 |
| 4.异常管理 | 4-1 客诉处理 | 4-1-1 能记录投诉与索赔信息 | (1) 记录投诉信息<br>(2) 记录索赔信息 | (1) 投诉、索赔信息记录 | 1) 投诉、索赔信息记录方法 | (1) 方法：讲授法、实训（练习）法<br>(2) 重点与难点：投诉、索赔信息记录流程 | 1 |
| | | | | | 2) 投诉、索赔信息记录流程 | | |
| | | 4-1-2 能向网络平台移交投诉与索赔信息 | (1) 向网络平台移交投诉信息<br>(2) 向网络平台移交索赔信息 | (2) 投诉、索赔信息移交 | 1) 投诉、索赔信息移交方法 | (1) 方法：讲授法、实训（练习）法<br>(2) 重点与难点：投诉、索赔信息移交流程 | 1 |
| | | | | | 2) 投诉、索赔信息移交流程 | | |
| | 4-2 异常订单处理 | 4-2-1 能及时识别订单异常情况 | (1) 识别平台异常导致的订单异常情况<br>(2) 识别价格异常导致的订单异常情况<br>(3) 识别商家异常导致的订单异常情况<br>(4) 识别客户异常导致的订单异常情况 | (1) 识别异常订单 | 1) 异常订单的类型及特点<br>①平台异常<br>②价格异常<br>③商家异常<br>④客户异常 | (1) 方法：讲授法、案例教学法<br>(2) 重点与难点：常见的异常订单 | 1 |
| | | | | | 2) 常见的异常订单 | | |
| | | 4-2-2 能将异常订单通过网络平台上报 | (1) 将平台异常订单通过网络平台上报<br>(2) 将价格异常订单通过网络平台上报<br>(3) 将商家异常订单通过网络平台上报<br>(4) 将客户异常订单通过网络平台上报 | (2) 异常订单上报 | 1) 异常订单上报方法 | (1) 方法：讲授法、实训（练习）法<br>(2) 重点与难点：异常订单上报流程 | 1 |
| | | | | | 2) 异常订单上报流程 | | |

续表

| 2.1.2 五级/初级职业技能培训要求 ||||| 2.2.2 五级/初级职业技能培训课程规范 ||||
|---|---|---|---|---|---|---|---|
| 职业功能模块（模块） | 培训内容（课程） | 技能目标 | 培训细目 | 学习单元 | 课程内容 | 培训建议 | 课堂学时 |
| 4.异常管理 | 4-3 应急处理 | 4-3-1 能通过所处环境对紧急情况进行判断 | (1) 取单过程中紧急情况的判断<br>(2) 送单过程中紧急情况的判断 | (1) 紧急情况判断 | 1) 紧急情况概述<br>2) 紧急情况分类<br>①分类原则<br>②分类方法 | (1) 方法：讲授法、案例教学法<br>(2) 重点与难点：紧急情况分类 | 1 |
| | | 4-3-2 能及时上报配送过程中的突发事件 | (1) 及时上报取单过程中的突发事件<br>(2) 及时上报送单过程中的突发事件 | (2) 紧急情况上报 | 1) 不同阶段紧急情况上报方法 | (1) 方法：讲授法、实训（练习）法<br>(2) 重点与难点：不同阶段紧急情况上报流程 | 1 |
| | | | | | 2) 不同阶段紧急情况上报流程 | | |
| 5.客户服务与开发 | 5-1 客户服务 | 5-1-1 能使用文明礼貌用语提供服务 | 文明礼貌用语 | 线上客户服务 | 1) 平台基本要求 | (1) 方法：讲授法、实训（练习）法<br>(2) 重点与难点：线上客户服务流程 | 1 |
| | | 5-1-2 能按平台要求在线完成客户服务 | (1) 平台基本要求<br>(2) 在线完成客户服务 | | 2) 线上客户服务流程 | | |
| | 5-2 客户维护 | 5-2-1 能满足客户在配送覆盖范围内的配送需求 | (1) 客户基本配送需求<br>(2) 为客户提供服务 | (1) 满足客户基本配送需求 | 1) 满足需求的基本条件 | (1) 方法：讲授法、案例教学法<br>(2) 重点与难点：满足需求的基本方法 | 1 |
| | | | | | 2) 满足需求的基本方法 | | |
| | | 5-2-2 能及时反馈客户提出的问题 | (1) 收集客户反馈意见<br>(2) 将客户反馈意见上报平台 | (2) 服务反馈 | 1) 收集客户反馈意见的途径<br>2) 服务反馈的主要内容<br>3) 服务反馈的基本原则<br>4) 反馈上报的基本方法<br>5) 反馈上报的操作流程<br>①操作要点<br>②注意事项<br>③操作流程图 | (1) 方法：讲授法、实训（练习）法<br>(2) 重点与难点：反馈上报的操作流程 | 1 |
| 课堂学时合计 |||||||| 28 |

## 附录3　四级/中级职业技能培训要求与课程规范对照表

| 2.1.3　四级/中级职业技能培训要求 | | | | 2.2.3　四级/中级职业技能培训课程规范 | | | |
| --- | --- | --- | --- | --- | --- | --- | --- |
| 职业功能模块（模块） | 培训内容（课程） | 技能目标 | 培训细目 | 学习单元 | 课程内容 | 培训建议 | 课堂学时 |
| 1. 订单接收与验视 | 1-1　接单前准备 | 1-1-1　能对配送车辆进行安全性检查 | （1）检查配送车辆的刹车装置<br>（2）检查配送车辆的后视镜和车灯 | （1）配送工具安全性检查 | 1）日常检查与维护要求<br>2）安全性检查的流程<br>3）安全性检查的方法 | （1）方法：讲授法、实训（练习）法<br>（2）重点与难点：安全性检查的流程 | 1 |
| | | 1-1-2　能操作不同配送模式下的常用配送装备 | （1）不同配送模式下的装备要求<br>（2）常用配送装备的使用和维护要求 | （2）配送工具清洗、消毒 | 1）配送工具清洗<br>①清洗方法<br>②清洗流程<br>2）配送工具消毒<br>①消毒基本原则<br>②消毒用品的分类<br>③消毒方法<br>④消毒流程 | （1）方法：讲授法、实训（练习）法<br>（2）重点与难点：配送工具消毒 | 1 |
| | | 1-1-3　能根据城市热力图选择配送区域 | （1）识别城市热力图<br>（2）选择配送区域 | （3）热力图的识别与使用 | 1）热力图识别<br>①识别基本原则<br>②热力分布特点<br>2）热力图使用<br>①配送区域选择依据<br>②配送区域选择方法 | （1）方法：讲授法、实训（练习）法<br>（2）重点与难点：热力图使用 | 1 |
| | 1-2　订单收取 | 1-2-1　能按照订单收取地点编排接收、配送顺序 | （1）合理规划接单顺序<br>（2）分析配送区域内商家位置 | （1）接单顺序的编排 | 1）接单原则<br>①配送地址<br>②商家位置<br>2）接单顺序编排方法 | （1）方法：讲授法、案例教学法、实训（练习）法<br>（2）重点与难点：接单顺序编排方法 | 1 |
| | | 1-2-2　能在规定时间内完成临时调度订单的收取 | （1）临时配送时间规划<br>（2）临时调度信息的收取 | （2）调度订单的收取 | 1）调度订单的收取时间要求<br>2）调度订单的收取原则 | （1）方法：讲授法、案例教学法<br>（2）重点与难点：调度订单的收取原则 | 1 |
| | 1-3　订单核对 | 1-3-1　能识别限运品、禁运品 | （1）识别限运品<br>（2）识别禁运品 | （1）限运品、禁运品识别 | 1）识别限运品<br>①限运品定义<br>②限运品分类<br>③国家法律法规对限运品的基本要求<br>2）识别禁运品<br>①禁运品定义<br>②禁运品分类<br>③国家法律法规对禁运品的基本要求 | （1）方法：讲授法、案例教学法<br>（2）重点与难点：限运品、禁运品识别 | 1 |

续表

| 2.1.3 四级/中级职业技能培训要求 |||| 2.2.3 四级/中级职业技能培训课程规范 ||||
|---|---|---|---|---|---|---|---|
| 职业功能模块（模块） | 培训内容（课程） | 技能目标 | 培训细目 | 学习单元 | 课程内容 | 培训建议 | 课堂学时 |
| 1. 订单接收与验视 | 1-3 订单核对 | 1-3-2 能对限运品、禁运品做限制配送和不能配送说明 | （1）对限运品做限制配送说明<br>（2）对禁运品做不能配送说明 | （2）限运品、禁运品配送处理 | 1）限运品、禁运品配送规定<br>2）限制配送与不能配送情况处理<br>①处理方法<br>②处理流程 | （1）方法：讲授法、案例教学法<br>（2）重点与难点：限运品、禁运品配送规定 | 1 |
| | 1-4 接单后处理 | 1-4-1 能对疑似限运品、禁运品进行处理 | （1）识别疑似限运品、禁运品<br>（2）处理疑似限运品、禁运品 | （1）疑似限运品、禁运品配送处理 | 1）疑似限运品、禁运品识别<br>2）疑似限运品、禁运品配送处理<br>①处理方法<br>②处理流程 | （1）方法：讲授法、案例教学法<br>（2）重点与难点：疑似限运品、禁运品配送处理 | 1 |
| | | 1-4-2 能对调度订单进行交接与核对 | （1）交接调度订单<br>（2）核对调度订单 | （2）调度订单的交接与核对 | 1）调度订单交接与核对的基本原则<br>2）调度订单交接与核对的基本方法 | （1）方法：讲授法、实训（练习）法<br>（2）重点与难点：调度订单交接与核对的基本方法 | 1 |
| 2. 订单配送 | 2-1 配送前准备 | 2-1-1 能核对预付货款和到付资费 | （1）核对预付款<br>（2）核对到付资费 | （1）预付款和到付资费的核对 | 1）核对订单预付款<br>①预付款的组成<br>②预付款的核对<br>2）核对订单到付资费<br>①到付资费的组成<br>②到付资费的核对 | （1）方法：讲授法、案例教学法<br>（2）重点与难点：核对订单到付资费 | 1 |
| | | 2-1-2 能针对异常天气采取物品防护措施 | （1）异常天气的判断<br>（2）配送物品的防护 | （2）异常天气防护 | 1）异常天气的判断<br>①基本概念<br>②异常天气分类<br>2）配送物品防护的措施<br>①防护的概念<br>②防护的基本方法<br>③特殊天气防护的基本要求 | （1）方法：讲授法、案例教学法<br>（2）重点与难点：配送物品防护的措施 | 1 |

附录

续表

| 2.1.3 四级/中级职业技能培训要求 ||||| 2.2.3 四级/中级职业技能培训课程规范 ||||
|---|---|---|---|---|---|---|---|
| 职业功能模块（模块） | 培训内容（课程） | 技能目标 | 培训细目 | 学习单元 | 课程内容 | 培训建议 | 课堂学时 |
| 2. 订单配送 | 2-2 配送服务 | 2-2-1 能收取预付款和到付资费 | 结算并收取预付款和到付资费 | （1）款项的结算与收取 | 1）预付款的收取 | （1）方法：讲授法、实训（练习）法<br>（2）重点与难点：预付款和到付资费的结算与收取 | 1 |
| | | | | | 2）到付资费的结算 | | |
| | | 2-2-2 能完成调配订单配送 | 调配订单配送 | （2）调配订单的配送 | 1）调配订单的调配原则 | （1）方法：讲授法、案例教学法<br>（2）重点与难点：调配订单的配送要求 | 1 |
| | | | | | 2）调配订单的配送要求 | | |
| | 2-3 配送后处理 | 2-3-1 能通过网络平台上报无法配送订单的信息 | （1）上报商家原因导致无法配送订单的信息<br>（2）上报客户原因导致无法配送订单的信息<br>（3）上报其他原因导致无法配送订单的信息 | （1）无法配送订单的信息收集与上报 | 1）无法配送订单的信息收集与分类<br>①商家原因导致<br>②客户原因导致<br>③其他原因导致 | （1）方法：讲授法、案例教学法<br>（2）重点与难点：无法配送订单信息上报的流程与方法 | 1 |
| | | | | | 2）无法配送订单信息上报的流程与方法 | | |
| | | 2-3-2 能按网络平台要求移交无法配送的订单 | （1）移交商家原因导致无法配送的订单<br>（2）移交客户原因导致无法配送的订单<br>（3）移交其他原因导致无法配送的订单 | （2）无法配送订单的移交 | 1）商家原因导致无法配送订单的移交 | （1）方法：讲授法、案例教学法<br>（2）重点与难点：无法配送订单的移交 | 1 |
| | | | | | 2）客户原因导致无法配送订单的移交 | | |
| | | | | | 3）其他原因导致无法配送订单的移交 | | |
| | | 2-3-3 能按网络平台提供的调配清单复核配送信息 | （1）获取调配清单<br>（2）复核配送信息 | （3）调配清单的复核 | 1）获取调配清单<br>①获取方法<br>②获取流程 | （1）方法：讲授法、案例教学法<br>（2）重点与难点：复核配送信息 | 1 |
| | | | | | 2）复核配送信息<br>①复核方法<br>②复核流程 | | |
| 3. 安全与质量管理 | 3-1 公共安全防护 | 3-1-1 能按照配送员基本安全要求完成配送 | 配送员基本安全要求 | （1）危险防范 | 1）配送过程中危险防范的内容 | （1）方法：讲授法、案例教学法、实训（练习）法<br>（2）重点与难点：配送过程中危险防范的原则 | 1 |
| | | | | | 2）配送过程中危险防范的原则 | | |

续表

| 2.1.3 四级/中级职业技能培训要求 ||||  2.2.3 四级/中级职业技能培训课程规范 ||||
|---|---|---|---|---|---|---|---|
| 职业功能模块（模块） | 培训内容（课程） | 技能目标 | 培训细目 | 学习单元 | 课程内容 | 培训建议 | 课堂学时 |
| 3．安全与质量管理 | 3-1 公共安全防护 | 3-1-2 能处理交通事故，并运用防御性驾驶技巧 | 防御性驾驶技术的运用 | （2）防御性驾驶 | 1）防御性驾驶的特点<br>2）防御性驾驶的操作 | （1）方法：讲授法、案例教学法、实训（练习）法<br>（2）重点与难点：防御性驾驶的操作 | 1 |
| | 3-2 管理安全防护 | 3-2-1 能发现并上报入网食品安全隐患及问题 | （1）入网食品安全隐患及问题的发现<br>（2）入网食品安全隐患及问题的上报 | （1）入网食品安全隐患及问题的发现与上报 | 1）入网食品安全隐患及问题的主要内容<br>2）入网食品安全隐患及问题的上报流程 | （1）方法：讲授法、案例教学法<br>（2）重点与难点：入网食品安全隐患及问题的上报流程 | 1 |
| | | 3-2-2 能保护客户隐私信息 | 客户隐私信息的保护 | （2）隐私保护 | 1）个人及用户隐私的内容<br>2）个人及用户隐私的保护方法 | （1）方法：讲授法、案例教学法<br>（2）重点与难点：个人及用户隐私的保护方法 | 1 |
| 4．异常管理 | 4-1 客诉处理 | 4-1-1 能现场处理延误等简单配送服务问题 | （1）现场处理延误订单<br>（2）现场处理物品损毁订单<br>（3）现场处理物品丢失订单 | （1）简单投诉的处理 | 1）延误订单的现场处理<br>①概况<br>②分类<br>③处理方法<br>2）物品损毁订单的现场处理<br>①概况<br>②分类<br>③处理方法<br>3）物品丢失订单的现场处理<br>①概况<br>②分类<br>③处理方法 | （1）方法：讲授法、案例教学法<br>（2）重点与难点：简单投诉的处理 | 1 |
| | | 4-1-2 能向网络平台提交客诉反馈意见 | 提交客诉反馈意见 | （2）客诉反馈意见的提交 | 1）客诉反馈意见基本分类<br>2）客诉反馈意见提交的基本规则<br>3）客诉反馈意见提交的基本办法 | （1）方法：讲授法、案例教学法<br>（2）重点与难点：客诉反馈意见的提交 | 1 |

续表

| | 2.1.3 四级/中级职业技能培训要求 | | | 2.2.3 四级/中级职业技能培训课程规范 | | | |
|---|---|---|---|---|---|---|---|
| 职业功能模块（模块） | 培训内容（课程） | 技能目标 | 培训细目 | 学习单元 | 课程内容 | 培训建议 | 课堂学时 |
| 4. 异常管理 | 4-2 异常订单处理 | 4-2-1 能处理配送延误、多次递送消费者拒收、商品包装破损导致的配送异常 | （1）处理配送延误的订单<br>（2）处理多次递送的订单<br>（3）处理消费者拒收的订单<br>（4）处理物品包装破损的订单 | （1）配送异常处理 | 1）配送异常分类<br>①地址错误<br>②多次递送 | （1）方法：讲授法、案例教学法<br>（2）重点与难点：配送异常处理流程 | 1 |
| | | | | | 2）配送异常处理原则 | | |
| | | | | | 3）配送异常处理流程 | | |
| | | 4-2-2 能处理地址错误、商品倾洒、漏送、消费者失联导致的异常情况 | （1）处理物品倾洒的订单<br>（2）处理物品漏送的订单<br>（3）处理消费者失联的订单 | （2）物品异常处理 | 1）物品异常分类<br>①物品倾洒<br>②物品漏送<br>③物品包装破损 | （1）方法：讲授法、案例教学法<br>（2）重点与难点：物品异常处理流程 | 1 |
| | | | | | 2）物品异常处理原则 | | |
| | | | | | 3）物品异常处理流程 | | |
| | | | | （3）客户异常处理 | 1）客户异常分类<br>①客户拒收<br>②客户失联 | （1）方法：讲授法、案例教学法<br>（2）重点与难点：客户异常处理原则 | 1 |
| | | | | | 2）客户异常处理原则 | | |
| | | | | | 3）客户异常处理流程 | | |
| | 4-3 应急处理 | 4-3-1 能对可能发生的紧急情况（如物品存放、配送车辆状况等）进行应急准备 | （1）物品存放应急准备<br>（2）配送车辆状况的应急准备 | （1）应急准备 | 1）应急准备的基本内容<br>①物品存放<br>②配送车辆 | （1）方法：讲授法、案例教学法<br>（2）重点与难点：应急准备的基本内容 | 1 |
| | | | | | 2）应急准备的基本原则 | | |

续表

| 2.1.3 四级/中级职业技能培训要求 ||||| 2.2.3 四级/中级职业技能培训课程规范 ||||
|---|---|---|---|---|---|---|---|
| 职业功能模块（模块） | 培训内容（课程） | 技能目标 | 培训细目 | 学习单元 | 课程内容 | 培训建议 | 课堂学时 |
| 4.异常管理 | 4-3 应急处理 | 4-3-2 能对配送过程中出现的设备故障、客户间的冲突、交通事故、配送员身体状况异常等情况中的低风险突发事件进行处理 | （1）处理配送中手机、车辆故障导致的低风险突发事件<br>（2）处理与客户发生冲突导致的低风险突发事件<br>（3）处理交通事故导致的低风险突发事件<br>（4）处理配送员身体突发疾病导致的低风险突发事件 | （2）低风险突发事件处理 | 1）低风险突发事件概况<br>①手机、配送车辆故障<br>②与客户发生冲突<br>③突发疾病<br>2）低风险突发事件分类<br>3）低风险突发事件处理原则<br>4）低风险突发事件处理流程 | （1）方法：讲授法、案例教学法<br>（2）重点与难点：低风险突发事件处理流程 | 1 |
| 5.客户服务与开发 | 5-1 客户服务 | 5-1-1 能在配送过程中与客户进行主动沟通 | 配送过程中与客户主动沟通 | （1）配送过程界定 | 1）配送过程时间界定<br>2）配送过程范围界定<br>3）配送过程操作流程界定 | （1）方法：讲授法、案例教学法<br>（2）重点与难点：配送过程操作流程界定 | 1 |
| | | | | （2）主动沟通 | 1）主动沟通的意义<br>2）主动沟通的技巧与方法 | （1）方法：讲授法、案例教学法<br>（2）重点与难点：主动沟通的技巧与方法 | 1 |
| | | 5-1-2 能满足客户个性化服务需求 | （1）常见的客户个性化服务需求<br>（2）客户个性化服务需求的满足 | （3）客户个性化服务需求的满足 | 1）个性化服务的概念<br>2）满足需求的条件与方法 | （1）方法：讲授法、案例教学法<br>（2）重点与难点：满足需求的条件与方法 | 1 |
| | 5-2 客户维护 | 5-2-1 能根据客户特点进行拜访 | （1）客户基本信息构成与变更<br>（2）客户特点及相应拜访方式 | （1）变更客户基本信息 | 1）客户基本信息的主要内容<br>2）客户基本信息变更的要求与原则<br>3）客户基本信息变更的方法 | （1）方法：讲授法、案例教学法<br>（2）重点与难点：客户基本信息变更的方法 | 1 |

## 附录

续表

| 2.1.3 四级/中级职业技能培训要求 ||| 2.2.3 四级/中级职业技能培训课程规范 ||||
|---|---|---|---|---|---|---|
| 职业功能模块（模块）| 培训内容（课程）| 技能目标 | 培训细目 | 学习单元 | 课程内容 | 培训建议 | 课堂学时 |
| 5.客户服务与开发 | 5-2 客户维护 | 5-2-2 能与客户维持关系 | 维护客户关系 | （2）客户关系推送与联络 | 1）网络平台推送基本方法<br>2）网络平台推送基本流程<br>3）客户联络的意义 | （1）方法：讲授法、案例教学法<br>（2）重点与难点：网络平台推送基本流程 | 1 |
| 课堂学时合计 ||||||| 32 |

### 附录4 三级/高级职业技能培训要求与课程规范对照表

| 2.1.4 三级/高级职业技能培训要求 |||| 2.2.4 三级/高级职业技能培训课程规范 ||||
|---|---|---|---|---|---|---|---|
| 职业功能模块（模块）| 培训内容（课程）| 技能目标 | 培训细目 | 学习单元 | 课程内容 | 培训建议 | 课堂学时 |
| 1.订单接收与验视 | 1-1 接单前准备 | 1-1-1 能对配送车辆问题进行处理 | （1）配送车辆的协调<br>（2）配送车辆的维修 | （1）配送车辆协调与维修 | 1）配送车辆协调<br>①协调原则<br>②协调方法<br>2）配送车辆维修<br>①保养方法<br>②维修方法 | （1）方法：讲授法、案例教学法<br>（2）重点与难点：配送车辆维修 | 1 |
| | | 1-1-2 能制订排班计划并进行出勤管控 | （1）排班计划的制订<br>（2）出勤管控 | （2）排班计划制订与出勤管理 | 1）运力分析<br>2）排班计划制订流程<br>3）出勤情况统计 | （1）方法：讲授法、案例教学法<br>（2）重点与难点：排班计划制订流程 | 1 |
| | 1-2 订单收取 | 1-2-1 能设计订单配送路线 | 订单配送路线的设计 | （1）配送优化 | 1）步骤优化<br>2）时限优化<br>3）路线优化 | （1）方法：讲授法、案例教学法<br>（2）重点与难点：路线优化 | 1 |
| | | 1-2-2 能完成特殊物品订单的收取 | （1）药品等医疗用品订单的收取<br>（2）液体、化学品、锂电池、易碎品等订单的收取 | （2）特殊物品接收 | 1）特殊物品概述<br>2）特殊物品管理原则<br>3）特殊物品接收流程 | （1）方法：讲授法、案例教学法<br>（2）重点与难点：特殊物品接收流程 | 1 |

| 2.1.4 三级/高级职业技能培训要求 ||||  2.2.4 三级/高级职业技能培训课程规范 ||||
|---|---|---|---|---|---|---|---|
| 职业功能模块（模块） | 培训内容（课程） | 技能目标 | 培训细目 | 学习单元 | 课程内容 | 培训建议 | 课堂学时 |
| 1. 订单接收与验视 | 1-3 订单核对 | 1-3-1 能根据特殊物品订单的配送要求进行验视 | (1) 药品等医疗用品订单的验视<br>(2) 液体、化学品、锂电池、易碎品订单的验视 | (1) 特殊物品验视 | 1) 特殊物品验视要求<br>①药品等医疗用品验视要求<br>②液体验视要求<br>③化学品验视要求<br>④锂电池验视要求<br>⑤易碎品验视要求 | (1) 方法：讲授法、案例教学法<br>(2) 重点与难点：特殊物品验视流程 | 1 |
| | | | | | 2) 特殊物品验视流程 | | |
| | | 1-3-2 能根据验视情况提供配送建议 | (1) 药品等医疗用品订单的配送建议<br>(2) 液体、化学品、锂电池、易碎品订单的配送建议 | (2) 特殊物品配送建议 | 1) 特殊物品配送时效建议 | (1) 方法：讲授法、案例教学法<br>(2) 重点与难点：特殊物品配送包装建议 | 1 |
| | | | | | 2) 特殊物品配送包装建议 | | |
| | 1-4 接单后处理 | 1-4-1 能对特殊物品订单配送采取防护措施 | (1) 药品等医疗用品订单的封装<br>(2) 液体、化学品、锂电池、易碎品订单的封装 | (1) 特殊物品封装 | 1) 特殊物品封装要求<br>①药品等医疗用品封装要求<br>②液体封装要求<br>③化学品封装要求<br>④锂电池封装要求<br>⑤易碎品封装要求 | (1) 方法：讲授法、案例教学法<br>(2) 重点与难点：特殊物品封装流程 | 1 |
| | | | | | 2) 特殊物品封装流程 | | |
| | | 1-4-2 能接收并调配多次调度订单 | (1) 多次调度订单的接收<br>(2) 多次调度订单的调配 | (2) 多次调度订单的接收与调配 | 1) 多次调度订单的接收<br>①接收原则<br>②接收方法<br>③接收流程 | (1) 方法：讲授法、案例教学法<br>(2) 重点与难点：多次调度订单的调配 | 1 |
| | | | | | 2) 多次调度订单的调配<br>①调配原则<br>②调配方法<br>③调配流程 | | |

续表

| 2.1.4 三级/高级职业技能培训要求 ||||| 2.2.4 三级/高级职业技能培训课程规范 ||||
|---|---|---|---|---|---|---|---|
| 职业功能模块（模块） | 培训内容（课程） | 技能目标 | 培训细目 | 学习单元 | 课程内容 | 培训建议 | 课堂学时 |
| 2.订单配送 | 2-1 配送前准备 | 2-1-1 能完成配送区域内的运力检核 | 配送区域内的运力检核 | (1) 运力核检 | 1) 运力核检概述<br>2) 运力核检原则<br>3) 运力核检方法 | (1) 方法：讲授法、案例教学法<br>(2) 重点与难点：运力核检方法 | 1 |
| | | 2-1-2 能根据订单需求调配人员和车辆 | (1) 根据订单需求调配人员<br>(2) 根据订单需求调配车辆 | (2) 人员与车辆调配 | 1) 人员调配<br>①人员调配原则<br>②人员调配方法<br>③人员调配流程<br>2) 车辆调配<br>①车辆调配原则<br>②车辆调配方法<br>③车辆调配流程 | (1) 方法：讲授法、案例教学法<br>(2) 重点与难点：人员调配 | 1 |
| | 2-2 配送服务 | 2-2-1 能根据城市热力图优化配送区域 | (1) 根据城市热力图调配人员<br>(2) 根据城市热力图优化订单接收位置 | (1) 配送区域优化 | 1) 城市热力图分析<br>2) 人员优化<br>3) 路线优化 | (1) 方法：项目教学法<br>(2) 重点与难点：路线优化 | 1 |
| | | 2-2-2 能对配送订单进行调配 | 配送订单的调配 | (2) 配送订单调配 | 1) 配送订单调配原则<br>2) 配送订单调配方法<br>3) 配送订单调配流程 | (1) 方法：项目教学法<br>(2) 重点与难点：配送订单调配流程 | 1 |
| | 2-3 配送后处理 | 2-3-1 能针对不满意订单进行跟踪 | (1) 了解不满意订单具体情况<br>(2) 跟踪不满意订单处理情况 | (1) 不满意订单的跟踪 | 1) 不满意订单的整理<br>2) 不满意订单的处理情况汇总分析 | (1) 方法：项目教学法<br>(2) 重点与难点：不满意订单的处理情况汇总分析 | 1 |

续表

| 2.1.4 三级/高级职业技能培训要求 ||||| 2.2.4 三级/高级职业技能培训课程规范 ||||
|---|---|---|---|---|---|---|---|
| 职业功能模块（模块） | 培训内容（课程） | 技能目标 | 培训细目 | 学习单元 | 课程内容 | 培训建议 | 课堂学时 |
| 2. 订单配送 | 2-3 配送后处理 | 2-3-2 能处理投诉与索赔订单 | （1）处理投诉订单<br>（2）处理索赔订单 | （2）投诉、索赔的协助处理 | 1）投诉的协助处理方法<br>2）索赔的协助处理方法 | （1）方法：项目教学法<br>（2）重点与难点：投诉、索赔的协助处理 | 1 |
| 3. 安全与质量管理 | 3-1 公共安全防护 | 3-1-1 能对公共安全事件进行处理 | 公共安全事件的处理 | （1）公共安全事件的处理 | 1）公共安全事件的处理原则<br>2）公共安全事件的处理方法<br>3）公共安全事件的处理流程 | （1）方法：讲授法、案例教学法<br>（2）重点与难点：公共安全事件的处理流程 | 1 |
| | | 3-1-2 能疏导配送员的心理健康问题 | 配送员心理健康问题疏导 | （2）配送员心理疏导 | 1）心理健康的重要性<br>2）心理疏导方法<br>3）心理健康问题案例分析 | （1）方法：讲授法、案例教学法<br>（2）重点与难点：心理疏导方法 | 1 |
| | 3-2 管理安全防护 | 3-2-1 能组织召开网约配送相关安全会议 | （1）网约配送相关安全会议组织<br>（2）网约配送相关安全会议内容设计 | （1）配送安全会议 | 1）组织会议的流程与方法<br>2）与配送过程安全相关的会议内容设计 | （1）方法：讲授法、案例教学法<br>（2）重点与难点：与配送过程安全相关的会议内容设计 | 1 |
| | | 3-2-2 能组织财产安全及伪钞鉴别培训 | （1）财产安全及伪钞鉴别培训组织<br>（2）财产安全及伪钞鉴别培训内容设计 | （2）财产安全培训 | 1）组织培训的流程与方法<br>2）与财产安全相关的培训内容 | （1）方法：讲授法、案例教学法<br>（2）重点与难点：与财产安全相关的培训内容 | 1 |
| 4. 异常管理 | 4-1 客诉处理 | 4-1-1 能现场处理涉及保险、保价、退款、货损等的投诉 | （1）现场处理涉及保险、保价的投诉<br>（2）现场处理涉及退款、货损等的投诉 | （1）保险、保价、资费等投诉的现场处理 | 1）保险、保价投诉<br>①基本概念<br>②基本方法<br>③处理流程<br>2）拒付货款、资费异议的投诉<br>①基本概念<br>②基本方法<br>③处理流程 | （1）方法：讲授法、案例教学法<br>（2）重点与难点：拒付货款、资费异议的投诉 | 1 |

附录

续表

| 2.1.4 三级/高级职业技能培训要求 ||||  2.2.4 三级/高级职业技能培训课程规范 ||||
|---|---|---|---|---|---|---|---|
| 职业功能模块（模块） | 培训内容（课程） | 技能目标 | 培训细目 | 学习单元 | 课程内容 | 培训建议 | 课堂学时 |
| 4. 异常管理 | 4-1 客诉处理 | 4-1-2 能对退款、货损等情况提出赔偿解决方案 | (1) 物品丢失订单的处理<br>(2) 赔偿方案的制订 | (2) 物品丢失订单的现场处理 | 1) 物品丢失订单投诉处理的方法<br>2) 物品丢失订单投诉处理的流程<br>3) 赔偿方案制订 | (1) 方法：讲授法、案例教学法<br>(2) 重点与难点：赔偿方案制订 | 2 |
| | 4-2 异常订单处理 | 4-2-1 能处理手机及配送车辆等设备故障、备用金不足、交通事故、订单量过多等原因导致的订单改派 | (1) 手机、配送车辆等故障导致的订单改派<br>(2) 备用金不足导致的订单改派<br>(3) 交通事故导致的订单改派<br>(4) 订单量过多导致的订单改派 | (1) 订单改派处理 | 1) 订单改派概述<br>2) 订单改派流程<br>3) 订单改派的沟通技巧 | (1) 方法：讲授法、案例教学法<br>(2) 重点与难点：订单改派的沟通技巧 | 1 |
| | | 4-2-2 能处理商户无法提供物品、消费者取消订单等客户原因导致的异常情况 | (1) 处理商户无法提供物品导致的异常情况<br>(2) 处理消费者取消订单导致的异常情况 | (2) 客户异常处理 | 1) 客户异常分类<br>①商家无法提供物品<br>②客户取消订单<br>2) 客户异常处理原则<br>3) 客户异常处理流程 | (1) 方法：讲授法、案例教学法<br>(2) 重点与难点：客户异常处理流程 | 1 |
| | | 4-2-3 能处理订单超区、价格异常等平台原因导致的异常情况 | (1) 处理订单超区导致的异常情况<br>(2) 处理价格异常导致的异常情况 | (3) 平台异常处理 | 1) 平台异常分类<br>①订单超区<br>②价格异常<br>2) 平台异常处理原则<br>3) 平台异常处理流程 | (1) 方法：讲授法、案例教学法<br>(2) 重点与难点：平台异常处理流程 | 1 |

续表

| 2.1.4 三级／高级职业技能培训要求 ||||| 2.2.4 三级／高级职业技能培训课程规范 ||||
|---|---|---|---|---|---|---|---|
| 职业功能模块（模块） | 培训内容（课程） | 技能目标 | 培训细目 | 学习单元 | 课程内容 | 培训建议 | 课堂学时 |
| 4．异常管理 | 4-3 应急处理 | 4-3-1 能对当场不能确定安全性的物品进行处置 | 处置当场不能确定安全性的物品 | （1）不能确定安全性物品的处置 | 1）不能确定安全性物品的处置原则<br>2）不能确定安全性物品的处置方法<br>3）不能确定安全性物品的处置流程 | （1）方法：讲授法、案例教学法<br>（2）重点与难点：不能确定安全性物品的处置流程 | 1 |
| | | 4-3-2 能对配送过程中出现的设备故障、客户间的冲突、交通事故、配送员身体状况等情况中的中风险突发事件进行处理 | （1）处理手机、配送车辆故障导致的中风险突发事件<br>（2）处理与客户发生冲突导致的中风险突发事件<br>（3）处理发生交通事故导致的中风险突发事件<br>（4）处理配送员身体状况异常导致的中风险突发事件 | （2）中风险突发事件处理 | 1）中风险突发事件概况<br>2）中风险突发事件分类<br>3）中风险突发事件处理原则<br>4）中风险突发事件处理流程 | （1）方法：讲授法、案例教学法<br>（2）重点与难点：中风险突发事件处理流程 | 1 |
| 5．客户服务与开发 | 5-1 客户服务 | 5-1-1 能根据订单配送情况的变化对客户进行服务反馈 | （1）订单配送变化情况<br>（2）服务反馈 | （1）服务反馈 | 1）订单配送变化原因及分类<br>2）订单配送变化处理流程<br>3）服务反馈方法 | （1）方法：讲授法、项目教学法<br>（2）重点与难点：订单配送变化处理流程 | 1 |
| | | 5-1-2 能监督、核验四级／中级工及以下级别人员的客户服务质量 | 监督、核验客户服务质量 | （2）服务质量监督与核验 | 1）监督与核验的流程<br>2）监督与核验的方法 | （1）方法：讲授法、案例教学法<br>（2）重点与难点：监督与核验的方法 | 1 |
| | 5-2 客户开发 | 5-2-1 能向客户推荐配送服务和产品 | （1）推荐配送服务<br>（2）推荐配送产品 | （1）配送服务和产品的推荐 | 1）配送服务推荐<br>①概述<br>②分类<br>2）配送产品推荐<br>①概述<br>②分类 | （1）方法：项目教学法<br>（2）重点与难点：配送产品推荐 | 1 |

续表

| 2.1.4 三级/高级职业技能培训要求 | | | | 2.2.4 三级/高级职业技能培训课程规范 | | | |
|---|---|---|---|---|---|---|---|
| 职业功能模块（模块） | 培训内容（课程） | 技能目标 | 培训细目 | 学习单元 | 课程内容 | 培训建议 | 课堂学时 |
| 5.客户服务与开发 | 5-2 客户开发 | 5-2-2 能收集客户服务需求信息 | 收集客户服务需求信息 | （2）客户服务需求信息的收集 | 1）客户服务需求的内容<br>2）客户服务需求的分类<br>3）客户服务需求信息的采集方法 | （1）方法：项目教学法<br>（2）重点与难点：客户服务需求信息的采集方法 | 1 |
| | 5-3 客户维护 | 5-3-1 能及时完成客户基本信息变更 | 变更客户基本信息 | （1）客户回访与信息变更 | 1）客户回访的主要内容与方法<br>2）信息变更的方法 | （1）方法：讲授法、项目教学法<br>（2）重点与难点：客户回访的主要内容与方法 | 1 |
| | | 5-3-2 能根据客户需求提出服务优化建议 | （1）客户服务需求分析<br>（2）客户服务优化建议 | （2）优化服务建议 | 1）客户服务需求分析<br>2）优化服务的主要内容<br>3）优化服务的基本流程 | （1）方法：讲授法、项目教学法<br>（2）重点与难点：优化服务的基本流程 | 1 |
| | | 5-3-3 能通过网络平台推送的方式联络客户 | 通过网络平台推送的方式联络客户 | （3）客户联络 | 1）网络平台推送的联络流程<br>2）网络平台推送的联络方法 | （1）方法：讲授法、项目教学法<br>（2）重点与难点：网络平台推送的联络流程 | 1 |
| 6.管理培训 | 6-1 团队组建 | 6-1-1 能根据运力缺口制订团队组建人员需求方案 | （1）运力缺口分析<br>（2）制订团队组建人员需求方案 | （1）团队组建方案的制订 | 1）运力缺口分析<br>2）团队组建的基本原则<br>3）团队组建的基本方法<br>4）团队组建的方案制订 | （1）方法：项目教学法<br>（2）重点与难点：团队组建的方案制订 | 2 |
| | | 6-1-2 能根据需求方案组织人员招聘 | （1）拟订招聘方案<br>（2）组织人员招聘 | （2）人员招聘 | 1）拟订招聘方案<br>2）人员招聘的组织<br>①内容<br>②岗位需求<br>③招聘方法<br>④招聘程序 | （1）方法：项目教学法<br>（2）重点与难点：拟订招聘方案 | 1 |
| | | 6-1-3 能根据不同的配送形态制订效率管控方案 | 制订效率管控方案 | （3）效率管控方案的制订 | 1）效率管控方案的制订流程<br>2）效率管控方案的制订方法 | （1）方法：讲授法、项目教学法<br>（2）重点与难点：效率管控方案的制订方法 | 1 |

续表

| 2.1.4 三级/高级职业技能培训要求 ||||  2.2.4 三级/高级职业技能培训课程规范 ||||
|---|---|---|---|---|---|---|---|
| 职业功能模块（模块） | 培训内容（课程） | 技能目标 | 培训细目 | 学习单元 | 课程内容 | 培训建议 | 课堂学时 |
| 6. 管理培训 | 6-2 培训指导 | 6-2-1 能组织四级/中级工及以下级别人员召开每日例会 | 组织召开每日例会 | （1）每日开工前培训 | 1）工作任务分配<br>2）安全教育<br>3）特殊情况通知 | （1）方法：项目教学法<br>（2）重点与难点：安全教育 | 1 |
| | | 6-2-2 能组织新入职人员进行岗前培训 | 组织新入职人员进行岗前培训 | （2）新入职人员岗前培训 | 1）培训的主要内容<br>2）培训的目标<br>3）培训的方法和流程 | （1）方法：项目教学法<br>（2）重点与难点：培训的方法和流程 | 1 |
| 课堂学时合计 ||||||| 39 |

## 附录5　二级/技师职业技能培训要求与课程规范对照表

| 2.1.5 二级/技师职业技能培训要求 |||| 2.2.5 二级/技师职业技能培训课程规范 ||||
|---|---|---|---|---|---|---|---|
| 职业功能模块（模块） | 培训内容（课程） | 技能目标 | 培训细目 | 学习单元 | 课程内容 | 培训建议 | 课堂学时 |
| 1. 安全与质量管理 | 1-1 数据整理与分析 | 1-1-1 能整理与分析城市热力图数据 | （1）整理城市热力图流量、流向数据<br>（2）分析城市热力图流量、流向数据 | （1）城市热力图数据整理与分析 | 1）城市热力图数据概况<br>①概念<br>②内容<br>③价值<br>2）城市热力图数据整理、分析方法 | （1）方法：项目教学法<br>（2）重点与难点：城市热力图数据整理、分析方法 | 1 |
| | | 1-1-2 能制作订单配送数据图表 | 制作订单配送数据图表 | （2）订单配送数据图表的制作 | 1）制图基本方法与技巧<br>2）制表基本方法与技巧 | （1）方法：项目教学法<br>（2）重点与难点：制图、制表基本方法 | 1 |

续表

| 2.1.5 二级/技师职业技能培训要求 |||| 2.2.5 二级/技师职业技能培训课程规范 ||||
|---|---|---|---|---|---|---|---|
| 职业功能模块（模块） | 培训内容（课程） | 技能目标 | 培训细目 | 学习单元 | 课程内容 | 培训建议 | 课堂学时 |
| 1. 安全与质量管理 | 1-1 数据整理与分析 | 1-1-3 能定期整理并分析评价信息 | （1）定期整理来自内部的评价信息<br>（2）定期整理来自外部的评价信息<br>（3）定期分析来自内部的评价信息<br>（4）定期分析来自外部的评价信息 | （3）评价信息的整理与分析 | 1）评价信息的主要内容<br>2）信息整理的方法<br>3）信息分析的方法 | （1）方法：项目教学法<br>（2）重点与难点：信息分析的方法 | 1 |
| | 1-2 质量管理 | 1-2-1 能提供复杂配送方案 | 为客户提供复杂配送的合理方案 | （1）复杂配送方案 | 1）复杂配送概述<br>①概念<br>②内容<br>2）复杂配送方案制订<br>①配送方法<br>②配送流程 | （1）方法：项目教学法<br>（2）重点与难点：复杂配送方案制订 | 2 |
| | | 1-2-2 能根据配送环节的监督、检查、调配信息编制质量评价报告 | （1）收集配送环节的监督、检查、调配信息<br>（2）编制质量评价报告 | （2）编制质量评价报告 | 1）配送环节的质量监控<br>①配送环节的组成<br>②监督、检查、调配信息的内容<br>2）编制质量评价报告<br>①质量评价报告的内容<br>②质量评价报告的编制方法 | （1）方法：项目教学法<br>（2）重点与难点：编制质量评价报告 | 2 |
| 2. 异常管理 | 2-1 客诉处理 | 2-1-1 能整理并分析客诉事件 | （1）定期整理客诉事件<br>（2）定期分析客诉事件 | （1）客诉事件的定期整理与分析 | 1）客诉事件的整理方法<br>2）客诉事件的分析方法<br>3）客户投诉心理分析 | （1）方法：项目教学法<br>（2）重点与难点：客户投诉心理分析 | 1 |
| | | 2-1-2 能处理多方权责难以界定的复杂投诉问题 | 处理复杂投诉问题 | （2）复杂投诉问题的界定与处理 | 1）复杂投诉问题的界定<br>①界定标准<br>②界定流程<br>2）复杂投诉问题的处理<br>①处理流程<br>②处理方法 | （1）方法：案例教学法<br>（2）重点与难点：复杂投诉问题的界定 | 1 |

续表

| 2.1.5 二级/技师职业技能培训要求 | | | | 2.2.5 二级/技师职业技能培训课程规范 | | | |
|---|---|---|---|---|---|---|---|
| 职业功能模块（模块） | 培训内容（课程） | 技能目标 | 培训细目 | 学习单元 | 课程内容 | 培训建议 | 课堂学时 |
| 2. 异常管理 | 2-2 异常处理 | 2-2-1 能处理即时运力不足导致的配送异常 | （1）发现即时运力不足情况<br>（2）处理即时运力不足导致的配送异常 | （1）运力不足导致的配送异常处理 | 1) 运力不足原因分析<br>2) 运力不足导致配送异常的处理方法<br>3) 运力不足导致配送异常的处理流程 | （1）方法：项目教学法<br>（2）重点与难点：运力不足导致配送异常的处理流程 | 1 |
| | | 2-2-2 能处理极端天气导致的配送异常 | （1）极端天气的预警<br>（2）处理极端天气导致的配送异常 | （2）极端天气导致的配送异常处理 | 1) 极端天气预警机制<br>2) 极端天气的分类<br>3) 极端天气灾害的级别<br>4) 极端天气导致配送异常的处理原则 | （1）方法：项目教学法<br>（2）重点与难点：极端天气导致配送异常的处理原则 | 1 |
| | | 2-2-3 能处理严重交通事故、冲突等紧急事件导致的配送异常 | （1）处理配送员在配送途中遇到严重交通事故导致的配送异常<br>（2）处理配送员与客户发生冲突导致的配送异常 | （3）紧急事件导致的配送异常处理 | 1) 紧急事件的防范措施<br>2) 紧急事件应急处置方案<br>3) 紧急事件导致配送异常的处理原则 | （1）方法：项目教学法<br>（2）重点与难点：紧急事件导致配送异常的处理原则 | 1 |
| | 2-3 应急处理 | 2-3-1 能对配送过程中出现的设备故障、客户间的冲突、交通事故、配送员身体状况等情况中的高风险突发事件进行处理 | （1）处理配送过程中设备故障导致不能配送订单的情况<br>（2）处理配送过程中与客户发生冲突导致不能配送订单的情况<br>（3）处理配送过程中发生交通事故导致不能配送订单的情况<br>（4）处理配送过程中配送员身体状况异常导致不能配送订单的情况 | （1）高风险突发事件应急处理 | 1) 高风险突发事件概况<br>2) 高风险突发事件分类<br>3) 高风险突发事件处理原则<br>4) 高风险突发事件处理流程 | （1）方法：项目教学法<br>（2）重点：高风险突发事件处理原则<br>（3）难点：高风险突发事件处理流程 | 2 |

续表

| 2.1.5 二级/技师职业技能培训要求 ||||| 2.2.5 二级/技师职业技能培训课程规范 |||
|---|---|---|---|---|---|---|---|
| 职业功能模块（模块） | 培训内容（课程） | 技能目标 | 培训细目 | 学习单元 | 课程内容 | 培训建议 | 课堂学时 |
| 2. 异常管理 | 2-3 应急处理 | 2-3-2 能指导三级/高级工及以下级别人员进行突发事件的处理 | 指导三级/高级工及以下级别人员进行突发事件的处理 | (2) 突发事件处理指导 | 1) 突发事件处理难点概述<br>2) 指导的流程与方法 | (1) 方法：项目教学法<br>(2) 重点与难点：指导的流程与方法 | 1 |
| 3. 客户服务与开发 | 3-1 客户开发 | 3-1-1 能根据客户服务需求制订营销方案 | (1) 客户服务需求分析<br>(2) 制订营销方案 | (1) 营销方案的制订 | 1) 客户服务需求分析<br>2) 营销方案的制订<br>①内容<br>②营销方法 | (1) 方法：项目教学法<br>(2) 重点与难点：营销方案的制订 | 2 |
| | | 3-1-2 能根据营销方案挖掘潜在客户 | (1) 识别潜在客户<br>(2) 挖掘潜在客户 | (2) 潜在客户的识别与挖掘 | 1) 潜在客户的识别<br>①潜在客户的特点<br>②潜在客户的识别方法<br>2) 潜在客户的挖掘方法与流程 | (1) 方法：项目教学法<br>(2) 重点与难点：潜在客户的挖掘方法与流程 | 1 |
| | 3-2 客户维护 | 3-2-1 能进行客户满意度调查 | (1) 设计客户满意度调查问卷<br>(2) 调查客户满意度情况 | (1) 客户满意度调查 | 1) 客户满意度调查方法<br>①客户满意度信息收集<br>②客户满意度信息整理<br>2) 制订客户满意度提升方案<br>①客户满意度提升措施<br>②客户满意度提升效果 | (1) 方法：项目教学法<br>(2) 重点与难点：制订客户满意度提升方案 | 1 |
| | | 3-2-2 能维护客户数据库 | 维护客户数据库 | (2) 客户数据库维护 | 1) 客户数据库维护的基本要求<br>2) 客户数据库维护的基本方法 | (1) 方法：项目教学法<br>(2) 重点与难点：客户数据库维护的基本方法 | 1 |

续表

| 2.1.5 二级/技师职业技能培训要求 ||||  2.2.5 二级/技师职业技能培训课程规范 ||||
|---|---|---|---|---|---|---|---|
| 职业功能模块（模块） | 培训内容（课程） | 技能目标 | 培训细目 | 学习单元 | 课程内容 | 培训建议 | 课堂学时 |
| 4. 管理培训 | 4-1 团队组建 | 4-1-1 能制订绩效考核体系 | 制订绩效考核体系 | （1）绩效考核指标设计 | 1）绩效考核指标设计理论<br>2）绩效考核指标设计原则<br>3）绩效考核指标设计方法 | （1）方法：项目教学法<br>（2）重点与难点：绩效考核指标设计理论 | 1 |
| | | 4-1-2 能根据考核体系完善绩效考核办法 | （1）完善绩效考核办法<br>（2）编制绩效考核办法说明 | （2）绩效考核办法的完善 | 1）绩效考核结果分析<br>2）绩效考核办法完善<br>①存在问题<br>②整改措施<br>3）编制绩效考核办法说明 | （1）方法：项目教学法<br>（2）重点与难点：绩效考核办法的完善 | 1 |
| | 4-2 管理服务 | 4-2-1 能依据日常运营情况进行管理 | （1）一般情况的检查与问题解决<br>（2）异常处理情况的检查与问题解决<br>（3）应急处理情况的检查与问题解决 | （1）日常运营情况的检查与问题解决 | 1）一般情况的检查与问题解决<br>①检查内容<br>②解决办法<br>2）异常情况的检查与问题解决<br>①检查内容<br>②解决办法<br>3）应急情况的检查与问题解决<br>①检查内容<br>②解决办法 | （1）方法：项目教学法<br>（2）重点与难点：异常情况、应急情况的检查与问题解决 | 1 |
| | | 4-2-2 能制订运营效率提升方案 | （1）制订运营效率提升方案<br>（2）编制运营效率提升方案说明 | （2）运营效率提升方案的制订 | 1）运营效率的基本概念<br>2）运营效率的提升方法<br>3）运营效率提升方案的编制 | （1）方法：项目教学法<br>（2）重点与难点：运营效率的提升方法 | 2 |
| | 4-3 培训指导 | 4-3-1 能编制培训计划 | 编制培训计划 | （1）培训计划的编制 | 1）培训计划的主要内容<br>①培训时间<br>②培训地点<br>③培训对象<br>④培训方式<br>2）培训计划的编制方法 | （1）方法：讲授法、案例教学法<br>（2）重点与难点：培训计划的编制方法 | 1 |

续表

| 2.1.5 二级/技师职业技能培训要求 ||||  2.2.5 二级/技师职业技能培训课程规范 ||||
|---|---|---|---|---|---|---|---|
| 职业功能模块（模块） | 培训内容（课程） | 技能目标 | 培训细目 | 学习单元 | 课程内容 | 培训建议 | 课堂学时 |
| 4. 管理培训 | 4-3 培训指导 | 4-3-2 能编写培训教材 | (1) 编写配送业务流程培训教材 (2) 编写工具使用培训教材 (3) 编写操作标准培训教材 | (2) 培训教材的编制 | 1) 培训教材的主要内容 ①业务流程 ②工具使用 ③操作标准 2) 培训教材的编制方法 3) 培训指导基本步骤 4) 培训对象学情分析 | (1) 方法：讲授法、案例教学法 (2) 重点与难点：培训对象学情分析 | 2 |
| | | 4-3-3 能制订标准化职业规范及培训流程 | (1) 制订标准化职业规范 (2) 制订标准化培训流程 | (3) 职业规范和培训流程的制订 | 1) 标准化职业规范制订 ①制订原则 ②主要内容 2) 标准化培训流程设计 ①设计原则 ②主要内容 | (1) 方法：项目教学法 (2) 重点与难点：标准化培训流程设计 | 2 |
| | | 4-3-4 能对三级/高级工及以下级别人员进行操作技能培训 | 对三级/高级工及以下级别人员进行操作技能培训 | (4) 操作技能培训 | 1) 操作技能培训难点 2) 培训流程与方法 | (1) 方法：项目教学法 (2) 重点与难点：培训流程与方法 | 1 |
| 课堂学时合计 ||||||| 31 |

## 附录6　一级/高级技师职业技能培训要求与课程规范对照表

| 2.1.6 一级/高级技师职业技能培训要求 |||| 2.2.6 一级/高级技师职业技能培训课程规范 ||||
|---|---|---|---|---|---|---|---|
| 职业功能模块（模块） | 培训内容（课程） | 技能目标 | 培训细目 | 学习单元 | 课程内容 | 培训建议 | 课堂学时 |
| 1. 安全与质量管理 | 1-1 数据整理与分析 | 1-1-1 能根据配送业务的特点及需求设计指标体系 | (1) 分析配送业务的特点和需求 (2) 设计指标体系 | (1) 配送业务指标体系 | 1) 配送业务特点及需求分析 ①配送业务特点 ②配送业务需求分析 2) 配送业务指标体系的设计 ①配送业务指标体系的构成 ②配送业务指标体系的设计方法 | (1) 方法：项目教学法 (2) 重点与难点：配送业务指标体系的设计 | 2 |

## 一级／高级技师职业技能培训要求与课程规范对照表

续表

<table>
<tr><th colspan="4">2.1.6 一级／高级技师职业技能培训要求</th><th colspan="4">2.2.6 一级／高级技师职业技能培训课程规范</th></tr>
<tr><th>职业功能模块（模块）</th><th>培训内容（课程）</th><th>技能目标</th><th>培训细目</th><th>学习单元</th><th>课程内容</th><th>培训建议</th><th>课堂学时</th></tr>
<tr><td rowspan="4">1. 安全与质量管理</td><td rowspan="2">1-1 数据整理与分析</td><td>1-1-2 能编制数据统计分析报表并撰写数据统计分析报告</td><td>(1) 编制数据统计分析报表<br>(2) 撰写数据统计分析报告</td><td>(2) 数据统计分析报表与分析报告</td><td>1) 制作数据统计分析报表<br>①数据统计分析报表的内容<br>②数据统计分析报表的制作方法<br>2) 撰写数据统计分析报告<br>①数据统计分析报告的内容<br>②数据统计分析报告的撰写方法</td><td>(1) 方法：项目教学法<br>(2) 重点与难点：撰写数据统计分析报告</td><td>2</td></tr>
<tr><td>1-1-3 能根据相关数据规划区域配送服务</td><td>规划区域配送服务</td><td>(3) 区域配送服务的规划</td><td>1) 区域配送数据的分析<br>2) 区域配送服务的规划方法</td><td>(1) 方法：讲授法、项目教学法<br>(2) 重点与难点：区域配送服务的规划方法</td><td>1</td></tr>
<tr><td rowspan="2">1-2 质量管理</td><td>1-2-1 能根据数据分析结果针对人员、区域范围、场地设备提出改进方案</td><td>(1) 分析人员、运力、设备等资源配置情况<br>(2) 编制人员、运力、设备等资源配置优化方案</td><td>(1) 资源配置方案</td><td>1) 资源配置情况分析<br>①人员配置情况<br>②运力配置情况<br>③设备配置情况<br>2) 编制资源配置优化方案<br>①资源配置方案的内容<br>②编制资源配置优化方案的方法</td><td>(1) 方法：项目教学法<br>(2) 重点与难点：编制资源配置优化方案</td><td>2</td></tr>
<tr><td>1-2-2 能根据质量评价报告优化配送作业流程</td><td>(1) 解读质量评价报告<br>(2) 优化配送作业流程</td><td>(2) 配送作业流程</td><td>1) 解读质量评价报告<br>①质量评价报告的内容<br>②质量评价报告的解读方法<br>2) 配送作业流程的优化<br>①配送作业流程优化的内容<br>②配送作业流程优化的方法</td><td>(1) 方法：项目教学法<br>(2) 重点与难点：配送作业流程的优化</td><td>1</td></tr>
</table>

附录

续表

| 2.1.6 一级/高级技师职业技能培训要求 | | | | 2.2.6 一级/高级技师职业技能培训课程规范 | | | |
|---|---|---|---|---|---|---|---|
| 职业功能模块（模块） | 培训内容（课程） | 技能目标 | 培训细目 | 学习单元 | 课程内容 | 培训建议 | 课堂学时 |
| 2. 异常管理 | 2-1 客诉处理 | 2-1-1 能处理舆情风险类投诉问题 | 处理舆情风险类投诉问题 | （1）舆情风险类投诉问题的处理 | 1）舆情风险类投诉问题的基本概况 2）舆情风险类投诉问题的处理方法 | （1）方法：项目教学法、讲授法 （2）重点与难点：舆情风险类投诉问题的处理方法 | 1 |
| | | 2-1-2 能定期制订客诉事件处理整改方案 | （1）定期整理客诉事件 （2）撰写整改方案 | （2）客诉事件整改方案 | 1）客诉事件整理 ①客诉事件整理的内容 ②客诉事件整理的方法 2）客诉事件整改方案的撰写 ①客诉事件整改方案的内容 ②客诉事件整改方案的撰写方法 | （1）方法：项目教学法 （2）重点与难点：客诉事件整改方案的撰写 | 1 |
| | | 2-1-3 能配合处理仲裁、诉讼等法律层面的客诉问题 | （1）配送相关法律业务流程 （2）配合处理仲裁、诉讼等法律层面的客诉问题 | （3）法律层面客诉问题的配合处理 | 1）配送相关法律业务概况 ①配送相关法律业务内容 ②配送相关法律业务流程 2）客诉问题的配合处理 | （1）方法：案例教学法 （2）重点与难点：客诉问题的配合处理 | 1 |
| | 2-2 异常处理 | 2-2-1 能总结和分析异常订单 | （1）总结异常订单 （2）分析异常订单 | （1）异常订单的总结与分析 | 1）异常订单的总结方法 2）异常订单的分析方法 | （1）方法：讲授法、项目教学法 （2）重点与难点：异常订单的分析方法 | 1 |
| | | 2-2-2 能按照异常情况的类别分类编制处理解决办法 | （1）异常情况分类 （2）编制异常情况分类处理解决办法 | （2）异常订单处理方案的编制 | 1）异常订单处理方案分类 ①分类原则 ②分类方法 2）异常订单处理方案编制 ①编制内容 ②编制方法 | （1）方法：讲授法、项目教学法 （2）重点与难点：异常订单处理方案编制 | 2 |

| 2.1.6 一级/高级技师职业技能培训要求 ||||| 2.2.6 一级/高级技师职业技能培训课程规范 ||||
|---|---|---|---|---|---|---|---|
| 职业功能模块（模块） | 培训内容（课程） | 技能目标 | 培训细目 | 学习单元 | 课程内容 | 培训建议 | 课堂学时 |
| 2. 异常管理 | 2-3 应急处理 | 2-3-1 能评估突发事件级别并启动应急处理程序 | (1) 评估公共卫生突发事件级别并启动应急程序<br>(2) 评估极端天气突发事件级别并启动应急程序<br>(3) 评估交通事故突发事件级别并启动应急程序 | (1) 突发事件级别评估与应急处理程序的启动 | 1) 突发事件级别评估<br>①评估标准<br>②评估方法<br>2) 突发事件应急处理程序的启动<br>①启动原则<br>②启动流程 | (1) 方法：讲授法、项目教学法<br>(2) 重点与难点：突发事件应急处理程序的启动 | 2 |
| | | 2-3-2 能对配送过程中的突发事件提出应急预案 | 提出突发事件的应急预案 | (2) 突发事件应急预案的制订 | 1) 突发事件应急预案的内容<br>2) 突发事件应急预案的制订方法 | (1) 方法：案例教学法<br>(2) 重点与难点：突发事件应急预案的制订方法 | 1 |
| | | 2-3-3 能指导二级/技师及以下级别人员进行突发事件处理 | 指导二级/技师及以下级别人员进行突发事件处理 | (3) 突发事件处理指导 | 1) 突发事件处理指导难点<br>2) 指导的流程与方法 | (1) 方法：案例教学法<br>(2) 重点与难点：突发事件处理指导 | 1 |
| 3. 客户服务与开发 | 3-1 客户开发 | 3-1-1 能根据市场需求变化制订营销方案 | (1) 市场需求变化情况<br>(2) 制订营销方案 | (1) 市场需求变化的跟踪 | 1) 市场需求变化情况<br>①市场需求变化特点<br>②市场需求变化规律<br>2) 根据市场需求变化情况制订营销方案<br>①营销方案的内容<br>②营销方案的制订方法 | (1) 方法：项目教学法<br>(2) 重点与难点：根据市场需求变化情况制订营销方案 | 1 |
| | | 3-1-2 能组织营销活动 | 组织营销活动 | (2) 营销活动方案 | 1) 营销活动方案的设计<br>2) 营销活动的组织与管理<br>3) 营销活动效果的评估 | (1) 方法：项目教学法<br>(2) 重点与难点：营销活动方案的设计 | 1 |

续表

| 2.1.6 一级/高级技师职业技能培训要求 | | | | 2.2.6 一级/高级技师职业技能培训课程规范 | | | |
|---|---|---|---|---|---|---|---|
| 职业功能模块（模块） | 培训内容（课程） | 技能目标 | 培训细目 | 学习单元 | 课程内容 | 培训建议 | 课堂学时 |
| 3.客户服务与开发 | 3-2 客户维护 | 3-2-1 能建立客户信息动态调整机制 | 建立客户信息动态调整机制 | (1)客户信息动态管理 | 1)客户信息管理<br>①客户信息管理的内容<br>②客户信息管理的方法<br>③客户信息管理的原则<br>2)建立客户信息动态调整机制<br>①客户信息动态调整机制的内容<br>②建立客户信息动态调整机制的方法<br>③建立客户信息动态调整机制的原则 | (1)方法：项目教学法<br>(2)重点与难点：建立客户信息动态调整机制 | 1 |
| | | 3-2-2 能制订客户关系管理方案 | (1)提出维护客户关系方案<br>(2)提出稳定客户群的方案 | (2)客户关系维护 | 1)客户关系维护的内容<br>2)客户关系维护的方法<br>3)客户关系维护的原则 | (1)方法：项目教学法<br>(2)重点与难点：客户关系维护的方法 | 2 |
| 4.管理培训 | 4-1 管理服务 | 4-1-1 能制订并完善配送业务相关规章制度 | (1)制订配送业务相关规章制度<br>(2)完善配送业务相关规章制度 | (1)配送业务规章制度的制订 | 1)配送业务规章制度的基本内容<br>2)配送业务规章制度制订的基本方法<br>3)配送业务规章制度制订的基本流程 | (1)方法：项目教学法<br>(2)重点与难点：配送业务规章制度制订的基本流程 | 1 |

续表

| 2.1.6 一级/高级技师职业技能培训要求 | | | | 2.2.6 一级/高级技师职业技能培训课程规范 | | | |
|---|---|---|---|---|---|---|---|
| 职业功能模块（模块）| 培训内容（课程）| 技能目标 | 培训细目 | 学习单元 | 课程内容 | 培训建议 | 课堂学时 |
| 4. 管理培训 | 4-1 管理服务 | 4-1-2 能根据相关数据分析业务发展趋势 | （1）分析业务数据（2）分析业务发展趋势 | （2）业务数据及职业发展趋势分析 | 1）业务数据分析 ①业务数据分析的内容 ②业务数据分析的方法 2）职业发展趋势分析 ①职业发展的概念 ②职业发展的特点 ③职业发展趋势分析方法 | （1）方法：项目教学法（2）重点与难点：职业发展趋势分析 | 2 |
| | 4-2 培训指导 | 4-2-1 能审核并修改培训计划及培训教材 | （1）审核培训计划和培训教材（2）修改培训计划和培训教材 | （1）培训计划、培训教材的审核与修改 | 1）培训计划、培训教材的审核 ①审核内容 ②审核方法 2）培训计划、培训教材的修改 ①修改内容 ②修改方法 | （1）方法：项目教学法（2）重点与难点：培训计划、培训教材的修改 | 1 |
| | | 4-2-2 能对二级/技师及以下级别人员进行操作技能培训 | 对二级/技师及以下级别人员进行操作技能培训 | （2）操作技能培训 | 1）操作难点汇总 2）操作流程与方法 | （1）方法：项目教学法（2）重点与难点：操作流程与方法 | 1 |
| 课堂学时合计 | | | | | | | 28 |